땅!
부의 폭발

펴 낸 날   2020년 3월 25일

지 은 이   전재천, 박현선
펴 낸 이   이기성
편집팀장   이윤숙
기획편집   정은지, 윤가영, 김은경
표지디자인   이윤숙
책임마케팅   강보현, 류상만
펴 낸 곳   도서출판 생각나눔
출판등록   제 2018-000288호
주   소   서울 잔다리로7안길 22, 태성빌딩 3층
전   화   02-325-5100
팩   스   02-325-5101
홈페이지   www.생각나눔.kr
이 메 일   bookmain@think-book.com

• 책값은 표지 뒷면에 표기되어 있습니다.
　ISBN 979-11-7048-048-8(13320)

• 이 도서의 국립중앙도서관 출판 시 도서목록(CIP)은 서지정보유통지원시스템 홈페이지
　(http://seoji.nl.go.kr)와 국가자료공동목록시스템(http://www.nl.go.kr/kolisnet)에서
　이용하실 수 있습니다(CIP제어번호: CIP2020009797).

Copyright ⓒ 2020 by 전재천, 박현선 All rights reserved.
· 이 책은 저작권법에 따라 보호받는 저작물이므로 무단전재와 복제를 금지합니다.
· 잘못된 책은 구입하신 곳에서 바꾸어 드립니다.

JNP 토지주택정책 연구소

대한민국 부동산 대예측

땅! 부의 폭발

부동산 부자들의 오랜 비밀

전재천, 박현선 지음

미래전망 수익창출 토지법령

생각나눔

2016년『땅 가진 거지 부자 만들기』출간 후 독자들로부터 큰 호응을 얻었다. 칼럼 70편을 편집하여 책으로 출간하므로 5년 단위 부동산 시장의 미래를 예측한 내용이 담겨있다.

2018년 박현선 작가와 함께『땅 가진 거지 부자 만들기 Ⅱ』개정판을 편찬하여 국립중앙도서관을 비롯한 전국 시립 도서관과 대학 도서관에 지속적으로 비치되며 독자들을 만나고 있다.

2020년 초 한층 컬리티가 높은 차원의 내용으로 독자들을 만나려 한다. 이번에도 박현선 작가와 공저로 집필하였다.

부동산 시장의 현황과 개발 사례(실무), 기존 경매에서 들을 수 없는 고 수익을 올릴 수 있는 체계적인 분석과 투자 요령, 토지를 매입하기 전 반드시 점검해야 할 법령 등 50편을 실었다.

명의는 불치병도 치료하듯이 토지개발 전문가인 두 필자는 개발 불능의 죽은 땅도 산 땅으로 만들고 있다.

『땅! 부의 폭발』은 독자들께서 두고두고 볼 수 있는 부동산 투자 지침서가 될 것이다.

책을 읽으시고 상담이 필요하면 언제든지 찾아주시기 바란다.

2020. 3.

저자 전재천, 박현선

차 례

Contents

Contents

맺는말

: 2020년 이후 부동산 시장은 어떻게 움직일까?

1부

부동산 시장 전망 고수익 정보

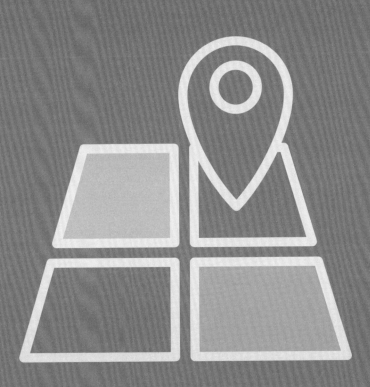

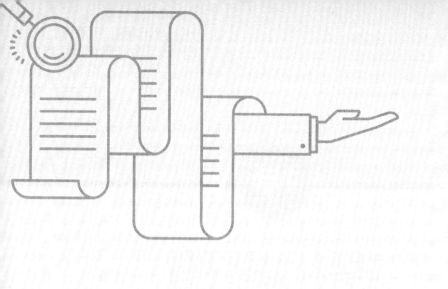

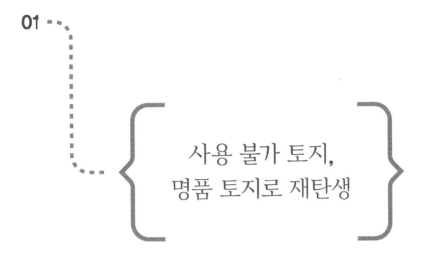

{
사용 불가 토지,
명품 토지로 재탄생
}

✎ 춘천시 남면 소재 12,631㎡(3,821평) 5필지 토지를 4인이 상속받았다. 1998년 공유물 분할청구 소송을 통하여 판결받았지만, 공유물 분할등기 절차를 이행하지 않고, 21년간 4인 모두 그대로 둔 사례이다.

상담인 3인 중 1인만 현지에 거주하고 있어 연락되고, 나머지 지분자와 연락을 하지 않고 지내는 상태이다. 토지 5필지 중 1필지만 경작할 뿐 나머지는 방치되어 밭田이 숲으로 덮인 채 야산처럼 변해있었다.

공시지가로 약 5억 5,000만 원 정도였고, 상담인은 매매를 원하지만 어찌해야 좋을지 몰라 필자의 연구소를 찾아온 것이다. 토지를 현장답사 후 장·단점을 분석해주었다.

서울 양양고속도로 강촌IC 2.5km 지점 서울 동북권에서 50분 대 거리로 접근성이 좋은 편이다. 토지 소재지가 남면으로 춘천시 초입이고, 제2 경춘 국도가 남양주시 화도읍에서 춘천 남면(강촌) 까지 32.9km 연결된다.

남면에서 춘천 시청까지 20km에 불과하고, 현재 춘천 외곽순환 도로가 서울 양양고속도로 춘천IC에서 춘천댐까지 연결되어 있다. 또한, 제2 경춘 국도 남면IC까지 춘천 외곽순환도로 16km 구간 이 연결될 예정이다.

춘천 시내를 경유하지 않고 남면에서 춘천 외곽순환도로를 따라 화천군, 양구군, 고성으로 곧바로 연결된다. 원산(북한)까지 제2 경춘 국도가 가장 빠른 지름길이 되는 것이다.

접근성에는 장점이 매우 높았지만 단점도 상당했다. 상담인도 현장 확인을 통해 알고 있었다. 서울 양양고속도로가 이 토지 바로 앞으로 지나고 있고, 굴다리 끝에 바로 붙어있다. 시속 100km 구간이나 평일에는 140~150km까지 달리고 있어 탱크가 지나가 는 정도의 소음이 큰 지역이다. 경사도가 17도라 농토로서도 부적 합했다.

다만, 옆에 계곡이 있어 수자원은 풍부하여 개발 가치에 따라 옥 토가 될 수 있었다. 상담인에게 토지를 현 상태로는 매매하기 어렵 다고 조언해주었다. 그리고 3단계로 처리하고 매각하라고 했다.

첫 번째, 공부 정리부터 해야 하므로 공유물 분할에 의한 소유권 이전등기 이행이 우선이다.

두 번째, 도로공사에 공문을 발송하여 해당 토지 구간에 속도 감지기 설치를 요청하는 것이다. (저 속력의 경우 소음이 대폭 감소)

세 번째, 굴착기 작업을 통하여 필지를 3단으로 분할하여 하단 1,500평, 중단 1,500평, 상단 821평을 평탄 작업 한 후 매매를 진행하는 것이다.

이 경우 공시지가보다 높은 가격에 매매 가능하다. 소유권이전 비용과 굴착기·토목 비용을 지출하더라도 명품 토지를 만드는 것이다.

귀농, 귀촌 주택을 건축하게 되면 소음 방지벽 설치도 가능하므로 완전히 다른 모습의 토지가 되는 것이다. 현재 소유권이전을 마쳤다.

사람으로 비유하면 불치병이 있는 토지이다. 명의를 만나면 병이 치유되는 것 같이 전문가를 만나면 죽은 땅도 산 땅으로 전환될 수 있다.

02

토지시장 '맑음'
정보에 주목하라

✎ IMF(국제통화기금)와 민간경제연구소는 내년 한국의 경제성장률 전망치를 잇달아 하향 조정하고 있다. 1999년 9월부터 2001년 4월까지 20개월 연속 전월보다 하락한 뒤 외환위기 이후 가장 긴 내림세가 이어지고 있다. 우리 경제가 회복 가능할지는 현안 유지로는 불가능하지 않을까 걱정이다.

최저 임금 인상으로 인한 급격한 인건비 상승 여파로 중소기업과 자영업자들의 경영이 위축을 넘어 위기로 내몰리고 있다. 생산 원가 상승이 전반적으로 물가 상승으로 이어지고 있고, 국민에게 '저녁이 있는 삶'을 돌려주겠다고 했지만, 저녁은커녕 앞이 캄캄하고 불안이 엄습해오는 현실에 처해있다.

부동산 정책도 서울시의 경우 공급 부족이 지적되었지만, 뉴타운 사업을 도시 재생사업이란 미명하에 진행하다보니 공급 부족을 해결하지 못했고, 층고 제한을 고집한 것도 한 원인이 되고 있다.

규제로 인한 행정의 지나친 시장 개입은 경제 회복에 걸림돌이 된다. 우리나라는 수출 비중이 세계에서 가장 높은 국가이다. 품질과 제품 가격이 경쟁력을 잃으면 곧바로 타격을 받을 수밖에 없다.

또한, 급격한 인건비 상승으로 인한 작업 시간 단축이 원가 상승의 결과로 나타나고 있다. 주부들은 장바구니 물가가 오르지 않은 것이 없다고 불만을 쏟고 있다. 결국, 돈의 가치가 곤두박질치고 있다.

남·북 문제도 미국을 비롯해 UN 상임이사국과 국제 공조 속에서 속도 조절이 필요함에도 불구하고 빠르게 가려다가 국제 외교 무대에서 왕따를 당하고 있지는 않은지 면밀히 살펴볼 일이다.

현 정부가 평창 동계올림픽을 계기로 첫 단추를 잘 끼웠다고 본다. 하지만 지나치게 급한 것이 불안을 야기한다. 한민족이라는 상념만으로 접근해서는 안 된다는 것이다. 북한은 자유민주주의(자본주의)와는 다른 노동자 중심의 분배라고 하는 철저한 독재(공산 사회주의) 체재이다. 상대를 알고 나를 알면 실패하지 않는다고 하

지 않는가. UN 상임이사국 등과 공조 속에 속도 조절이 되었으면
한다.

일자리는 기업이 만든다. 온갖 규제로 기업의 국제 경쟁력이 갈
수록 악화되는 이때 기업의 기를 살려주는 정책들이 쏟아지길 바
란다.

그나마 2020년 이후 토지시장 전망은 밝은 편이다. 수도권과 광
역시 중심에 주택단지와 산업단지 조성으로 토지보상 35조 원 이
상 집행될 예정이다. 토지보상의 경우 (전, 답)양도소득세 면제를
받기 위해서는 보상금액 50%를 인근 지역의 토지 매입에 사용해
야 하므로 토지보상금 절반 이상 토지 매입으로 이어진다.

10여 년 만에 가장 많은 토지보상이 예정되어 있어 경기 침체
국면이지만 토지시장은 밝을 전망이다. 토지보상이 예상되는 지역
을 잘 살펴서 투자한다면 수익성이 높을 것으로 기대된다.

03

개발 전문가(developer) 왜 필요한가

✎ 토지개발을 의뢰받다 보면, 개발 전문가란 직업군이 연결된 것을 볼 수 있다. 일반적으로 개발 전문가(developer)라고 하면 개발 과정에 개발 비용을 금융사와 연결(자금 차입)해주는 것으로 알고 있는데, 개발 전체 과정을 총괄하는 사람을 말한다.

부동산 투자는 일반 주택(APT), 상가, 오피스텔, 재개발, 재건축 등은 지역 공인중개사무소 몇 군데만 상담해보면 정보 파악이 쉽다. 하지만 토지 분야는 전문성을 지닌 전문가의 분석이 필요하다.

평창 동계올림픽을 기점으로 화해 무드를 통한 남·북 경협에 대한 기대로 인해 경기도 파주, 문산과 강원도 철원, 고성, 춘천에 투자자들이 집결되기도 했다. 이때 현지 공인중개사무소가 토지 매입 역할을 한다. 대도시 투자자들은 현장을 가보기 전에 그 지역 부동산 중개사무소에서 1차 설명을 듣고 나서 현장답사를 하게 되는 것이다.

토지 투자 과정에는 미래 예측이 불확실하다는 것이 가장 어려운 과제이다. 막연한 기대 심리 속의 투자는 금물이라고 필자는 설명한 바 있다. 지금부터 왜 개발 전문가의 조언이 필요한지 알아보겠다.

토지개발 7단계 과정

(1) 토지 매입(가격과 시장성 분석)

(2) 기획 및 인·허가

(3) 자금(개발 비용 차입은 자체 물건 담보)

(4) 설계(실용성과 디자인)

(5) 토목, 건축(공사비 절감과 기간 단축)

(6) 분양(시장 상황에 따른 분석)

(7) 사후 관리(입주 후 관리)

토지 매입 후 가격이 올라서 매매 차익을 얻는 시대는 끝났다고 설명한 바 있다.

개발도상국 국민소득 1만 불 시대 올라서면서 급격히 발전할 때는 매매 차익만으로 높은 수익을 기대할 수 있지만 3만 불 시대에 진입하면 성장이 급격히 떨어지면서 매매 차익 또한 낮아진다. 우리나라 행정은 불로소득으로 간주해 차익의 절반이 넘는 세금(양도소득세) 체계로 되어있다.

토지를 매입하기로 결정했다면, 반드시 전문가와 의논하라는 것이다. 시장성이 있는 지역인지 개발 가능성 유무, 개발하더라도 분양 가능성이 있는지 판단이다. 건축까지 하지 않더라도 최소 인·허가와 토목공사 후 분양을 해야만 불로소득이 아닌 사업소득으로 세금을 처리할 수 있다.

토목공사 과정에서 인·허가를 받은 후 상·하수도, 우수, 전기, 통신 시설과 도로 포장까지는 토목공사 완료로 보는 것이다. 건축이 가능하기 때문이다.

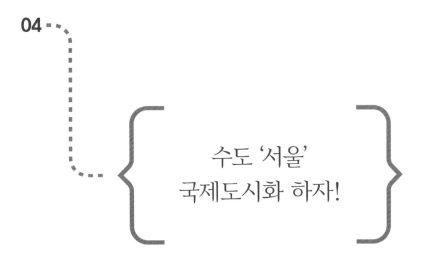

04

수도 '서울'
국제도시화 하자!

✎ GPCI(Global Power City Index, 글로벌 파워 도시 지수)가 처음 발표된 이후, 서울시는 2008년 13위를 시작으로 매년 최고 순위를 갱신하며 2012년~2017년까지는 6년간 연속해서 경쟁력 있는 도시 '세계 6위'의 우수한 성적을 기록했다. 그러나 작년에는 7위로 한 단계 내려와 8위인 베를린과의 점수차가 5.3점으로 크지 않아 올해에는 순위가 더 내려갈 것으로 예상된다.

과연 그 이유는 무엇일까?

서울은 지난 7년간 MB 시절 뉴타운 사업을 중단시키고 도시 재생사업으로 방향을 잡아 국제 경쟁력에서 후퇴한 것이 사실이다. 늦은 감은 있지만, 서울시를 신도시급 재개발을 계획하고, 용적률 상향 검토를 통해 국제화 시대에 걸맞은 방향을 잡았다는 의미는 매우 크다. 특히 서울역에서 용산역 철로 구간을 지하화하여 상부에 마이스(MICE) 산업에 포함된 쇼핑센터 기획은 매우 바람직하다.

MICE란 기업 회의(Meeting), 포상 관광(Incentives), 컨벤션(Convention), 전시회(Exhibition) 약자로 여수 엑스포와 같은 초대형 박람회를 개최하는 일부터 국가 간 정상 회의와 각종 국제회의 개최, 상품, 지식, 정보의 교류 모임 유치 및 각종 이벤트, 전시회 개최 등이 모두 마이스(MICE) 산업에 포함된다. 마이스 산업은 관련 방문객들의 규모가 크고 방문객 1인당 지출이 일반 관광객보다 훨씬 커서 새로운 산업 분야로 주목받고 있다. 방문객들에 의한 개최 도시 홍보의 문화적 효과도 크기 때문에 새로운 사업 분야로 주목받고 있다.

서울 시장이 비슷하게 개발하겠다고 언급했던 프랑스 파리의 리브고슈 프로젝트는 철로 상부 공간을 덮어 대학 캠퍼스, 도서관, 병원을 건립했다. 또, 싱가포르의 경우 마리나베이샌즈 호텔처럼 특색 있는 건물이 그 도시를 상징하는 주요 관광자원이 되고 있다.

리브고슈 프로젝트를 조금 더 자세히 살펴보자면, 파리는 지상 철로를 기준으로 양쪽 지역의 단절로 인한 주변 지역의 슬럼화 문제를 철로 위로 1990년대부터 축구장 넓이의 40배 크기인 26만 m^2에 달하는 인공 지반을 덮어 땅을 조성해 이를 민간 기업에 매각하고 해당 용지에 수많은 기업과 파리의 7개 대학 종합병원 등이 입주하도록 개발시킴으로써 해결했다.

이에 따라 용산에 철도 교통 중심지인 프랑스 파리의 리브고슈 프로젝트 성공 사례를 적용하겠다는 것이다.

또한 서울시는 '여의도 마스터플랜'과 관련해 여의도를 통째로 재개발할 계획을 세우고 있다. 조례에 따라 제한해오던 건물 높이를 35층에서 50층으로 상향하겠다고 밝혔다. 천편일률적인 서울시 건물들을 지적하며 조례 안을 바꿔서라도 친환경적인 건물과 아름답고 특색 있는 건물에는 용적률을 높이는 등 여의도 마스터플랜을 위해 여러 방안을 모색 중이다.

늦었다고 생각할 때가 가장 빠르다. 이제라도 서울을 국제도시화하여 국가의 위상을 살려야 한다.

05

신설 전철역을
주목하라!

🖋 토지와 주택(APT) 투자는 상향주기와 하향
주기가 있다.

새로운 정부가 출범할 때 100대 공약을 한다. 이 공약을 면밀히
검토해보면 경제지표의 방향을 읽을 수 있다.

지난 정부는 다주택자를 양산하며 건축 경기를 활성화한 반면
이번 정부는 출범하자마자 곧바로 규제를 강화함으로써 시장의 혼
란을 야기했다. 전문가들은 과도한 행정 개입은 시장을 왜곡시킨
다고 수차례 지적한 바 있다. 결국, 공급이 부족했던 서울 전 지역
에 급격한 부동산 가격 상승 문제를 불러왔다.

주택을 여러 채 소유한 사람들이 집을 비워놓고 있는 것이 아니라, 수요자들은 전세든지, 월세든지 자신의 능력에 맞춰 입주해있다. 주택이 남아돌아도 능력이 없으면 매입할 수가 없다. 정부에서 무상으로 줄 수 있는 것도 아니고 자본주의 시장을 규제로 일관하다보니 갈수록 왜곡되어 양극화만 심화한 것이다.

투자 시 상승효과로 나타날 수 있는 신설 전철 예정 지역을 분석해보고자 한다.

국토부가 기본 계획으로 고시한 월곶-판교 간 복선 전철 예정 지역을 살펴보면, 인천과 시흥시 경기도 서남부 지역에서 판교 벤처밸리까지 연결되며 이는 2025년에 개통 예정이다.

월곶-판교선은 수인선(수원-인천), 신안산선과 연계됨으로써 수도권 서·남부 지역 광역 교통망의 한 축이 될 것으로 전망된다. 투자가치로 볼 때 시흥 배곧 신도시 등이 대표적인 수혜 지역으로 판단되며 월곶-판교선 착공 예정일은 2021년이다. 전철역이 들어서면 주변 반경 1~2km까지는 주택 가격이 최저 30~50%까지 상승한다. 토지 가격은 50~100% 이상 상승이 예상되기 때문에 멀리서 정보를 찾을 것이 아니라 하나라도 정확한 정보를 구하면 되는 것이다.

위 구간은 기본 계획 고시에서 크게 바뀌지 않는다고 보고 깊이 있게 짚어가면서 투자처를 물색하면 된다.

월곶에서 시작된 전철역은 장곡-시흥 시청-매화-광명-만안-

안양–안양 운동장–인덕원–청계–서판교–판교까지 40km에 이르며, 성남–안양–광명–시흥–인천 5개 도시 서남권의 광역 교통망이 이루어지고 제2 외곽순환 고속도로가 뒤에 있다.

또한, 경기도 광주시를 지나고 있는 판교–여주간 경강선으로 연결되고, 여주에서 원주까지 연결이 예정되어 있다. 원주에서 강릉까지 고속철도로 이어져 그동안 열악했던 서남권 교통망 일대에 혁신을 불러온다. 결국, 동서를 크게 가로지르는 교통망이 연결되는 것이다.

실제 경강선 계통에 따라서 경기도 광주시 역동에 위치한 APT의 경우, 3.3m²(평) 매매 평균가격이 올해 말 1,400만 원대로 올라 전년 대비 15% 상승했다.

전철역이 생기면 '집값이 오른다'라는 것은 불문율이다. 전철역이 기본 계획으로 고시되면 곧바로 10%대로 뛰며, 실시(기본) 설계 마무리 단계에서 다시 10% 정도 오른다. 착공과 동시에 10%, 개통과 동시에 30%까지 상승한다. 만약 상향주기라면 상승폭이 더욱 높고, 하향 주기라도 낙폭이 거의 없다고 보면, 접근성의 영향이 매우 크다는 것을 알 수 있다.

06

{ 수도권 핵심 지역은
어디? }

✎ 경제 상황의 어려움에도 돈과 사람이 몰리는 곳이 판교역 주변이다. 판교 신도시는 신분당선과 경강선이 연결되어 있다. 판교역, 청계산입구역, 양재시민의숲역, 양재역, 강남역까지 15분 거리이며, 강남역에서 용산역까지 연결될 예정이다. 또한, 판교역은 경기도 광주시, 이천시, 여주시까지 연결되어 있다.

왜 판교가 수도권 부동산의 핵심 지역인지 알아보자. 국내 최대 IT기업이 1차 벤처 단지 내 입주해있고, 2차 단지가 조성되어 2020년 준공이다. 3차 단지가 추진되고 있으며 2023년 완공될 예정이다.

1~3차까지 완공되고 나면 세계 최대 규모 벤처 단지로 급부상

하게 된다. 1차부터 66만 1,160㎡(20만 평) 규모에 1,300여 개 기업이 상주하면서 최고급 인력 7만 명이 근무하고 있다. 2차 부지 조성이 마무리되면 2,000여 개 기업과 10만 명 이상 고용이 확대되며 3차까지 완료되면 총 3,000여 개 기업과 17만 명의 고급 인력이 근무하게 된다. 또 근무 인력의 70% 이상이 20~30대 젊은 층이 차지하므로 청년 일자리 창출 효과는 급상승한다.

단일 건물로는 APT와 호텔, 쇼핑몰을 개발하는 국내 최대 건축물인 알파돔시티가 블록 별로 개발하고 있다. 총사업비 5조 원의 50% 이상 집행되고 있다. 대형 건축물이 가능했던 원인은 판교 테크노밸리 내에 사옥이나 연구 센터가 있어도 공간이 협소해 계열사가 한 곳에 모이지 못하는 기업들이 알파돔시티로 몰려들면서 성공적인 복합 건축물로서 유명해지고 있다.

APT 가격 상승 폭을 보더라도 판교 신도시 집값이 급등했다. 2기 신도시 가운데 3.3㎡(평) APT 가격이 4,000만 원을 넘고 있다. 지난해보다 20.1%가 올랐으며 강남, 서초, 송파구보다도 16.8%가 올라 강남 3구를 앞지르고 있다.

판교 지역을 동별로 살펴보면 삼평동이 22.0%, 백현동이 20.9% 올라 제2의 강남이라고 할 만큼 모든 시설 면에서 새로운 가치 평가 우위에 있다.

이처럼 미래 산업 육성 단지와 젊은 지식산업들이 2019년부터 2023년까지 17만 명 이상 상주하므로 주택 가격은 강남 수준으로 상승할 수 있는 요인이 된다. 주택과 토지 투자는 미래 가치 측면에서 높고, 넓게 봐야 한다.

다음으로 판교 벤처 단지에서 근무하는 고급 인력들이 20~30대의 젊은 청년층이어서 전철로 20~30분대 지역을 주목할 필요가 있다. 연봉이 높다 하더라도 판교의 25평대 APT 가격이 7~8억 원대, 30평대 가격이 10억 원대에 육박하므로 소득 대비 입주가 쉽지만은 않다. 신분당선을 이용한 수원 권역과 광주시 권역의 역세권 등이 상대적으로 입주 지역이라 볼 수 있다. 수원 권역은 3.3m²(평) APT 가격이 1,800만 원대에 형성되어 판교 지역의 70%대이다.

반면 광주시 경우 3.3m²(평) APT 가격이 1,200~1,400만 원이며 45%대로 낮은 편이다. 판교역에서 이매역(환승역), 삼동역, 경기 광주역, 초월역, 곤지암역 등 5개 역이 20분대 거리에 있다. 앞으로 판교 제2, 제3 밸리가 형성되면 지근거리 역 주변의 주택(APT), 상가, 토지는 큰 폭의 상승이 예상된다.

경제는 정부 정책에 따라 높고 낮음이 있을 수 있다. 부동산 시장도 전반적으로 영향을 받지만, 붙박이 지역은 영향권에서 벗어나 있다고 봐야 한다. 늘 강조하듯이 근거리만 보고 찾기보다 높이 날아 멀리 보는 부동산 투자의 안목을 기르는 것이 가장 중요하겠다.

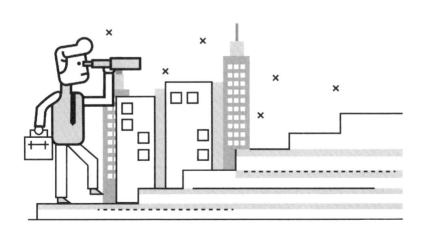

07

수도권 광역급행철도 ABC 노선 지역을 선점하라!

🖋 수도권 광역급행철도(GTX) 신규 노선 지역에 대해 살펴보고자 한다.

A 노선은 2017년 11월 예비타당성 조사를 마치고 2018년 4월 사업자 선정과 함께 착공에 들어 갔다. 수서발 성남-용인-동탄으로 이어지며 반대로 수서에서 삼성역-서울역-연신내역-대곡역-킨텍스역-운정역까지 연결되는 노선이다.

B 노선은 용산역에서 서울역-청량리역-망우역-별내역-평내호평역-마석까지 이어지고 서쪽 방향으로 용산역에서 여의도역-신도림역-부천종합운동장역-부평역-인천시청역-송도역까지 이어진다. B 노선은 2019년 8월 예비타당성 조사 통과가 확정되며 주목되는 곳이다.

C 노선은 삼성역에서 환승하여 청량리역-광운대역-창동역-의정부역-덕정역까지 이어지며 남부 쪽으로는 삼성역에서 양재역-과천역-금정역-수원역으로 연결되며 2018년 12월 예비타당성 조사를 통과하여 사업 추진이 확정되었다.

이 노선의 경우 2021년 착공 예정으로 의정부역에서 삼성역까지 기존 74분에서 16분으로 단축되어 1시간 가까이 단축되었다. 양주시 소재 덕정역에서 삼성역까지 기존 80분에서 불과 23분으로 단축되었다. 수도권 동서남북이 서울 중심에서 20~30분대로 주파하는 획기적인 교통 호재로, 신도시 1, 2기 부동산 시장이 다시금 주목받기 시작했다.

3기 신도시 발표도 GTX A, B, C 노선 중심으로 건설될 것으로 판단되고 있다. 착공 후 평균 4~5년 정도의 공사 기간이 소요되므로 투자자의 경우 면밀히 살펴본 후 5년 정도 계획적인 투자를 한다면 성공적인 투자가 될 것이다.

앞서 살펴보았듯이 신설 역이 발표되고 나면 바로 주변 지역 부동산 가격은 20% 정도 상승한다. 착공 과정과 진전도에 따라 15%가 추가 상승하고, 준공(운행) 시점에선 50~100%까지 가파르게 상승하게 된다. 최소 연 10% 이상 상승하기 때문에 높은 수익률이라 할 수 있다.

08 ······

토지 투자 이렇게 하면 고수익 올린다

✎ 올해 상반기 투자되어 진행 중인 미실현 단계 수익 사례에 관해 설명하겠다.

경기도 광주시 곤지암읍 신대리 일대 대지 포함 70,098m²(약 2만 1,205평) 3.3m²(평) 약 45만 원대에 매입했다. 토지 형상으로 보면 테라스하우스 주택지로 최적이다. 하지만 상당 부분 지목상 보전관리지역이다. 근린생활시설, 창고, 제조장의 허가가 가능한 지역이다.

산업단지 개발이 가능하여 현재 1차로 계획관리지역 16,529㎡ (5,000평) 중 1,500평을 개발행위허가를 진행하고 있다. 도로 포함 약 300평씩 5필지로 분할이 된다. 도로가 포함되었기에 실제 면적은 250평이다. 건축 바닥면적은 1필지당 150평 한도를 넘을 수 없다. 도시마다 조례 법령이 다르므로 법적인 문제는 토지 매입 전에 사전 검토가 필수이다.

사용 면적이 400평이면 계획관리지역은 건폐율이 40%이고 160평 바닥면적이 된다. 하지만 위에서 밝혔듯 바닥면적이 150평 이하만 허용되고 있다. 다른 지역과 비교하여 제조장, 창고 수요가 많은 지역으로 가격대만 적절하다면 분양에는 문제가 없는 지역이다.

토지에 따라 경사도 10도 이상 된다면 인·허가 비용과 토목공사 비용이 평당 평균 20만 원 내외이다. 토지를 평당 45만 원대에 매입하고 비용을 20만 원 추가하면 평당 원가는 65만 원이다. 매매가격은 평균 평당 250만 원 내외 거래되고 있기에 세금을 공제하더라도 1차 계획관리지역 16,529㎡(5,000평) 개발하여 분양하면 투자 대비 상당한 수익을 올릴 수 있다.

일반 투자자의 경우 특정 지역을 찾아서 매입하려는 경향이 있다. 2018년부터 남·북 접경지역인 경기도 파주, 문산, 강원도 철원, 고성 춘천 지역 거래가 활발하고 가격대가 상당히 오르고 있다. 하지만, 남·북 접경지역의 경우 개인이 개발하기엔 무리가 있다. 산업단지든, 주택단지든 기획된 개발 지역이라고 판단해야 한다. 종전 선언이 된다고 하더라도 경제 협력이 이루어지는 것이지 통일이 되는 것이 아니므로 무분별하게 개인들이 개발하도록 허용하지 않는다는 것이다.

기대감 속에 토지를 매입하더라도 개발을 하지 못하고 훗날 공기업이나 정부에서 수용하게 될 것이다. 리스크를 줄이려면 현재 토지의 경우 정부 고시 가격인 공시지가 1.5배 이상으로 매입하게 되면 손실을 볼 수 있다. 이는 정부나 공기업에서 강제수용 가격이 공시지가 대비 1.5배가 기본 법률로 정해진 수용 가격이기 때문이다. 정부에서 미래 수용할 토지는 공시지가를 올려놓지 않기 때문이다.

위 열거된 투자 방식은 일반인들이 접할 수 있는 것이 아니며 토지개발 전문가만이 가능하다.

09

타 지역 원정 투자 틈새 시장은?

✎ 서울 거주자의 지방 토지 매입 비율이 매년 늘고 있다.

올해 상반기 전국 토지의 월평균 거래량은 9만 4,400필지로, 이 중 9,815건이 서울 거주자에 의해 이루어졌다. 지역별로 살펴보면 경기도가 20.8% 가장 많았고, 강원도 15.9% 뒤를 이었다. 즉, 서울 부자들이 타 지역에 원정 투자를 하고 있다는 것이다.

현 정부 들어 남·북 화해 모드로 비핵화 관련 협의가 진행되면서 토지 거래가 가장 적었던 강원 지역이 외지인의 투자처로 여겨지며 활발한 토지 거래로 이어지고 있다. 실제 남·북 근접 지역인 경기 북부, 파주, 문산, 강원도 철원과 고성 지역에 저평가된 토지

거래가 활발하다.

　지역 간 발전 불균형으로 거래가 적은 지역이었다. 하지만 강원 지역은 평창 동계올림픽을 계기로 전철과 도로 확충으로 접근성이 좋아져 서울이나 수도권 동·남·북부에서는 60~100km로 1시간 대 거리로, 강릉·속초·양양 등에서는 2시간대 거리로 단축됐다.

　앞서 2018년 1월 발표된 춘천시 동면 일대 소양강 댐의 심층 냉수 수열 에너지를 이용한 융·복합 클러스터 산업단지와 같은 개발 호재도 토지 거래량을 늘리는 요인이 됐다. 클러스터 산업단지 99만 5,000m²(약 30만 평)로 2019년 예비타당성 조사를 통과했으며 이에 따른 기대 효과는 유치 예상 기업 67개사에 신규 일자리 창출 5,517명, 생산 유발 효과 약 4조 원, 지방세 세수 증가 220억 원으로 추산된다. 여기에 바이오 빅데이터 4차산업 시설이 수도권 규제를 피해 강원도로 이주하고 있다.

　투자의 중·장기적인 안목으로 봤을 때, 휴전 상태에서 종전 선언이 이뤄진다면 강원도 지역은 도청 소재지인 춘천을 거점으로 원주와 해안 지역인 강릉, 양양, 속초, 고성이 마지막 승부처가 될 것이다.

　필자가 늘 강조하지만, 토지 투자에 있어 묻지마식 투자는 절대 금물이란 점을 잊어선 안 된다.

1970~1990년대 중반까지는 개발도상국으로서 급격한 발전을 하다보니 토지, 주택 가격의 상승 폭이 높았다. 양도 과정에 세율이 아주 낮은 편으로 투자자 수익으로 연간 10% 이상 수익이 가능했다. 2000년대 이후 양도가액의 최소 구간 16~48%까지 차익의 절반에 해당하는 세율이 부과되어 소득이 그리 높지 않다. 또한, 개발 불가한 토지를 잘못 매입할 경우 대를 잇는 애물단지로 그야말로 '땅 가진 거지'가 될 수 있다.

필자가 조성 중인 춘천시 신북읍 발산리 722번지 일대 춘천 힐하우스(펜션형) 부지 조성 및 토목을 완료하였다. 상·하수도, 우수관, 전기, 통신, 관로 공사와 도로 포장까지 완성해 언제든 하우스 건축이 가능한 토지를 분양 중이다.

평균 330m²(100평) 정도로 5,000만 원 선이므로 대출 50% 받는다면 2,500만 원 정도의 금액으로 은퇴 후나 당장이라도 세컨드하우스, 펜션으로 활용할 수 있다. 기반시설을 모두 갖추고 있어 자금 능력에 맞게 소규모 주택을 건축해 사용하다가 나중에 상황에 맞게 규모를 확대하는 것도 한 방법이다.

필자 연구소를 찾는 독자 중에는 몇 천만 원 정도 가용 금액으로 투자가 가능한지 상담을 의뢰하는 예도 있는데 적은 금액으로도 틈새는 있다.

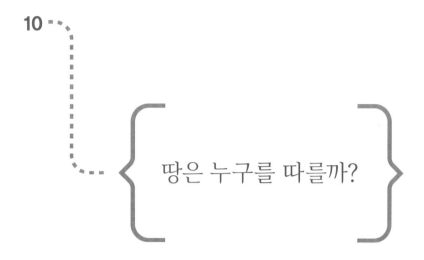

10

땅은 누구를 따를까?

    ✍ 정기 포럼 강의에서 '돈이 돈을 번다'라는 통념을 깨트리라고 역설한 바 있다. 흔히 토지 투자는 돈이 많아야 할 수 있다는 지극히 상식적인 생각을 하고 있다. 우리는 삶에 있어 고정된 틀 속에 갇혀 살아가고 있다. 필자는 출강이 있을 때마다 강단에 서면 청중을 향해 먼저 이렇게 질문한다.

"수강생 여러분. 돈을 벌려면 어떻게 해야 할까요?"

이 질문을 던지는 순간 90%가 이구동성으로 "돈이 돈을 번다." 라는 의미의 답을 한다. 그것은 누구나 알고 있는 상식이 아닌가 반문한다. 수강생들은 옆 사람을 바라보면서 갸우뚱한 표정을 짓는다. 다시 한 번 강조하지만 "기존 상식의 틀을 깨라."고 말하고 싶다. 틀에 갇혀 있으면 남보다 앞설 수 없기 때문이다.

개인이나 기업·국가의 성공 사례는 기존 틀 속에서는 불가능하다. 국민은 최고 지도자를 잘못 선택하면 국가가 부도나기도 하고, 잘 선택하면 부강한 나라로 반석 위에 올려놓기도 한다.

기업은 어떠한가? 경영자의 철학에 따라 소기업에서 중소기업, 대기업으로 발전되는 것이다. 결국 개인의 성공도 같은 맥락인 것이다. 학문적 철학과 경영적 철학, 참 인간의 진실함과 사실에 입각한 언행일치, 기다림의 고행과 고뇌 속에 전력투구한다면 기회를 만나게 된다.

하지만 부정적 사고를 가진 자들은 어려움에 부딪히면 사회와 국가를 탓하는 것을 볼 수 있다. 반대로 성공한 사람들은 매사에 긍정적인 마인드를 가지고 솔선수범 행동 강령을 스스로 만들어 간다. 또한 땅(돈)은 의리를 중요시하는 사람을 따른다고 한다.

태어날 때부터 부자가 되어있는 사람이 얼마나 있겠는가? 대학 졸업 후 사회에 진출하면서 직장이든 개인 사업이든 시작은 같은 위치에서 출발하지만, 20~30년이 지난 후에는 성공자와 실패자가 나뉘게 된다.

흔히 돈을 가리켜 물질이라고 말한다. 물과 같다는 뜻이다. 우리

몸은 물이 70% 정도 차지하고 있다. 금식으로 단련한다면 40일 정도 생존할 수 있다. 그러나 물은 일주일만 공급되지 않으면 생명을 잃게 된다. 그러므로 돈을 물에 비유한 것이다. 큰물(돈)을 가두려면 오랜 세월 호를 파고 둑을 단단히 정비한다면 한 해 여름 장맛비에 가득 채울 수 있다. 결국, 준비 과정이 얼마나 철저했는가에 따라 많이 채울 수도 있고, 둑이 약하면 물이 가득 차는 순간 무너지고 마는 것이다. 호가 적다면 적은 양의 물(돈)을 받을 수밖에 없다.

누구나 노력한다고 하지만 어떻게 노력했는가에 따라 결과는 전혀 다르다.

돈으로 돈을 벌 수 있는 것은 지극히 상식이다. 하지만 자본은 돈만 있는 것이 아니다. 다른 사람이 알지 못하는 정보도 결국 자산인 것이다. 지식이 월등하다면 자본이 되는 것이다.

많은 자본가가 필자를 찾는다. 투자에 대한 자문을 구하기도 하고, 수만 평의 토지를 매입하기 위해 자금을 대고 필자는 기획을 담당해 수익금을 공유하는 형태이다.

전문가는 어느 분야이든 평가 우위에 있게 마련이다. 의학에서도 레지던트, 전공의, 전문의 등 석·박사 과정이 있듯이 토지 분야도 이론을 넘어 실제 인·허가나 토목, 건축, 시장성을 정확하게 분석하는 혜안이 필요하다. 곧 기술이 돈을 만드는 것이다.

전문가를 통한다면 최소 2,000~3,000만 원 정도의 투자로도 수익 사업이 가능하다. 전문가와의 실질적인 상담을 통해 실제 현장의 사례를 배우고 터득함으로써 '돈이 돈을 버는 것'이 아니라 '기술이 돈을 벌게 한다'는 것을 깨닫게 되는 것이다.

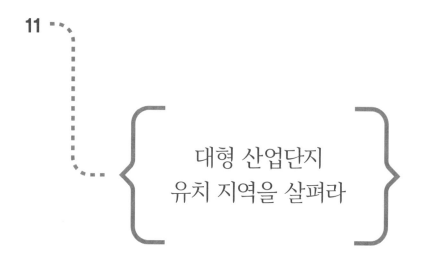

11

대형 산업단지
유치 지역을 살펴라

✎ 경기도 용인시 원삼면 일대 448만m²에 반도체 라인 4개 건설과 협력사 50여 곳이 입주하는 용인 반도체 클러스터 조성이 120조 원을 투자해 2022년부터 10년간 계획되어 있다.

제2경부고속도로인 서울세종고속도로는 경기도 용인시 처인구 원삼면을 지나며 원삼 IC가 확정되었다. 이곳은 수도권 규제법에 벗어난 성장관리권역으로 이미 확정된 것으로 판단해도 무리는 없다는 것이 전문가들의 견해이다.

토지 투자에 있어 많은 분들이 현재의 정치·경제에 매우 예민하다. 남·북 경협 바람이 불 때는 파주시 문산읍과 철원·고성 접경 지역의 상담이 많았으나 남·북 경협이 지체되자 관련 지역의 투자 문의도 함께 가라앉았다.

수도권 일대의 파란이라 할 수 있는 산업단지 발표가 무려 120조 원으로 여의도 면적에 1.4배에 달하는 규모이다. 단일 산업단지로는 최대 투자처가 될 수 있다.

산업부 관계자는 용인 반도체 클러스터를 계기로 수요가 많은 수도권 공장에 대한 규제 완화도 탄력을 받을 것으로 전망했으며 실제로 SK하이닉스의 용인 반도체 클러스터는 현 정부의 첫 수도권 규제 완화라는 점에서 비슷한 공장 신증설에 대한 기대감이 높아지기도 했다.

필자와 공동 사업자 중 한 분이 용인시 처인구 포곡읍과 모현읍의 토지 매입을 원해 현장을 답사했다. 수도권 제2외곽순환고속도로 노선과 서울세종고속도로 확정으로 포곡읍 토지는 구시가지와 신시가지로 나뉘어 개발되고 있었다. 양방 4차선 도로에 접한 토지는 $3.3m^2$(평) 가격이 500~600만 원 선이고, 양방 2차선 도로를 접한 토지는 350~450만 원 선을 형성하고 있었다.

도로 6m 물류창고·제조장·근린생활시설 허가구역은 $3.3m^2$(평) 가격이 250~350만 원 선으로 2017년 초 100~150만 원대 가격이 2년 사이 100% 상승했다.

도로 4m 주택 허가지역도 $3.3m^2$(평) 토지 가격이 150만 원 이상 형성되어 있었고 그나마 쓸만한 토지는 매물이 전혀 없었다. 이 지역 토지는 이미 큰 바람이 지나갔다고 봐야 한다.

토지 가격이 오를 때는 여러 단계를 거치게 된다. 재개발(노후 불량 주택)과 재건축(기존 APT)의 경우 개발계획부터 10년 정도 기본적으로 소요되는 반면 토지는 개발 완료까지 15~20년 정도 걸린다고 보면 된다.

1단계: 개발계획 발표(관망 단계)

2단계: 개발 예정 발표(일시 매매 단계)

3단계: 개발 확정 발표(폭발적으로 매매가 이루어지는 단계)

4단계: 도시계획 심의 단계(가격 상승과 함께 관망)

5단계: 도시계획 심의 과정(주택·상업·공업지역 분류 가격 형성)

위 5단계는 평균 2.5년~3년 단위로 15~18년 정도 소요되고, 중앙정부나 지방자치단체, 대기업에서 계발 계획이 수립된 때의 과정이다.

중앙정부 개발계획도 정치적으로 문제가 되면 개발 예정 발표 후 취소되는 경우도 많이 있다. 그 예로 부산 가덕도 신공항 개발은 정치권에 따라 개발이 여러 차례 번복되었다.

우리나라는 지방자치단체의 경우 자본력이 부족하여 중앙정부에 의존도가 높다. 또한 국회의원, 시장·군수가 당의 소속 여부에 따라서 자금 지원이 현저히 차이나고 있다.

토지 가격의 변동은 지역 인구 유입에서부터 산업단지 조성, 공기업 유치 외에도 정부의 여러 현안 등을 살펴 폭넓게 판단할 필요가 있다.

12

{ '지역 발전 가능 여부'가
성공·실패 부른다 }

✎ 투자 지역에 대한 분석을 할 때는 지역·지구의 분석, 지속 발전 가능 여부, 역사성, 인구 유입의 지속 여부와 인구 유입에 따른 연령대 확인이 필요하다.

첫째, 지역·지구는 대도시 중심의 근접 지역을 선택해야 한다.

18세기까지 도시의 형성 과정은 농경 문화로, 땅이 넓고 물이 풍부한 지역을 중심으로 인구가 유입되어 군락을 이뤄 생활한 것을 알 수 있다.

한양(서울)은 조선 건국의 도읍지로 600년 이상의 역사를 자랑하고 있다. 한강을 중심으로 강江 북단에서 시작하여 인구 밀도가 점차 높아지자 주거지를 강남으로 이동해 갔다. 뿐만 아니라 항만 도시인 인천을 비롯해 경기권 전역으로 확대된 것을 알 수 있다.

부산 광역 항만도시, 대구광역시, 대전광역시, 광주광역시 그 외 전주, 청주, 춘천 등 도청이 있는 곳은 수백 년 역사를 가지고 있을 뿐만 아니라 그 지역의 중심지로 우뚝 선 것이다. 특히 지방 자치제 도입 이후에는 인구 쏠림 현상이 더욱 가속화되어 문제가 심각한 실정이다.

수도권은 서울 중심에서 남부권과 서부권이 가장 먼저 발전했다. 경기도는 안산시와 시흥시, 화성시, 평택이 남·동부권으로, 용인시와 성남시, 광주시, 하남시 등이 발전했다. 안산시와 시흥시를 중심으로 일반 산업단지가 형성되면서 인구 유입이 급격히 늘어난 반면 화성시와 평택시는 첨단 산업단지 위주로 조금 늦게 합류했다. 반면 용인시는 넓은 면적의 산업보다 주거 중심 도시로, 성남시는 판교 벤처타운이 형성되면서 대한민국을 대표하는 도시로 발돋움했다.

경기도 광주시는 10여 년 전에는 서울 인근 지역 가운데 가장 낙후된 도시였으나 전철 개통과 함께 도로망이 급격히 확충되면서 산업단지(물류) 최적의 도시로 탈바꿈하고 있다. 또 인구 유입도 급격히 늘어나는 추세다.

둘째, 지속 발전 가능한 도시인지에 대해서는 최근 사례로 증명하고 있다.

거제시와 울산광역시는 조선업이 점차 경쟁력을 잃으면서 주민의 삶은 물론 도시의 미래가 불투명해졌다. 높은 소득을 자랑하던

자치단체에서 대기업의 폐업으로 실업자가 양산되고 있다.

세계는 4차산업의 경쟁 시대에 돌입했다. 어느 도시 할 것 없이 자치단체는 기업 유치에 사활을 걸고 있다. 산업과 교육, 문화, 예술, 유치 여부에 따라 발전이 지속 가능한 도시인지 판가름이 난다.

셋째, 역사성이다.

특정 지역의 역사와 유래를 보면 알 수 있다. 역사가 깊고 큰 인물이 많이 배출된 지역은 발전할 수밖에 없다. 지방 도시를 보더라도 경상북도 도청이 안동시와 예천군에 맞물려 있다. 안동시와 예천군은 유학의 본고장으로, 조선 시대 임진왜란 때 실학의 대가이자 명재상이었던 영의정 유성룡 선생과 이순신 장군을 모함에서 구출한 좌의정 정탁 선생의 고장이다. 필자가 발전된 여러 도시의 역사를 살펴보건대 지명의 역사가 오래되고 유명 인물이 난 곳은 분명 명당이 틀림없다.

넷째, 인구 유입이 지속 가능한지 여부이다.

인구의 지속적인 유입은 산업 시설과 밀접한 관련이 있다. 21세기 지속적으로 성장할 기업은 물론이거니와 문화와 교육 분야의 발전도 중요하다. 도시가 성장하려면 산업이 뒷받침되어야 하고, 결국 기업이 고용을 창출하기 때문에 인구 유입이 지속해서 늘어날 수밖에 없다.

다섯째, 연령대에 따라서 도시의 발전을 예측해볼 수 있다.

은퇴 세대를 중심으로 인구가 유입된다면 소비가 낮은 도시이다. 수입이 한정된 만큼 소비가 늘지 않기 때문이다. 가장 바람직한 인구 유입은 30~40대이다. 이들은 지역 소비를 주도하고 나아가 초·중·고 학생의 자녀를 두었기 때문에 자연스레 소비가 확대되는 역할을 하게 된다.

13

지주 공동 사업이란?

✎ 토지 투자에 있어 일반인들이 잘 접할 수 없는 실체적 방법에 대해 알아보려고 한다.

많은 전문가는 '주택시장 10년 주기설'을 언급한다. 1945년 해방 이후 1950년에 6·25 한국전쟁을 겪고 참혹한 삶 속에 1960년대 군사 정권이 시작되면서 군사 혁명(쿠데타) 진영 논리에 따라 이해되고 있으나, 필자는 1980년대까지 약 30년간은 '산업혁명의 시대'라고 적시한다.

1961년 대한민국은 1인당 소득(GDP, GNP)은 91달러로 몹시 가난한 국가였다. 1985년 2,458달러, 1995년 12,340달러를 넘기면서 세계에서 유래를 찾을 수 없을 만큼 초유의 발전 기록을 남겼다. 유럽 국가들이 300년에 걸쳐 만든 가치를 대한민국은 30년 만에 기적을 만들었다. 2019년 1인당 국민소득 평균 3만 달러를 넘어 선진국 대열에 진입했다.

하지만, 청년 실업의 실상을 들여다보면 국가의 미래가 암울하기만 하다. 극도로 악화되어 가는 노인 빈곤 문제와 저출산 문제는 심각성을 넘어 국가 위기 상황에 이를 만큼 불투명하다. 정부는 기업이 신명나게 일할 수 있도록 도와주고, 기업은 직원들이 희망 속에 일할 수 있는 동력을 찾아주어야 한다.

이번 본문의 제목을 '토지 투자의 지주 공동 사업'이라고 정한 것은 해방 이후 대한민국의 발전상과 현재 상황을 점검해보고 발전 과정에서 토지·주택 시장에 대해 명확히 짚어보기 위해 서다.

연평균 7~8% 소득이 증가할 때 토지·주택 가격은 10%대 이상 오른다. 자유민주주의(자본주의) 국가는 개인의 재산을 보호함으로 노력의 척도가 높기 때문이다.

우리나라의 경우에는 물가와 소득 대비 토지·주택 시장은 많이 앞서 나갔다고 볼 수 있다. 특히 토지·주택 시장은 1970~2020년 토지는 지역 발전에 따라 100배까지 오르는가 하면 주택시장 역시 50배 이상의 상승폭을 가져왔다. 1990년대 초 수도권 1기 신도시 개발이 시작되면서 정점에 이르렀고 그 후 10년 주기로 폭락과 폭등이 반복되었다.

현 정부에서도 수급보다는 규제로 일관하면서 양극화 현상이 심화되고 있다. 개발이익환수제와 양도차익 세금이 과다하고 이를 무기로 투기 자체를 차단하려고 하는 '부동산과의 전쟁'을 치르고 있는 듯하다. 그러니 부동산 투자 가운데 가장 어렵다고 하는 토지 투자에 있어 단순히 오를 것을 판단하고 투자하는 시대가 이제는 아니다. 내가 사는 곳이 아닌 타 지역에 매입할 경우 부재지주라 하여 양도차익의 매입가를 뺀 남은 돈에서 절반 넘는 차익을 양도소득세로 납부해야 한다.

절세 방법 중 하나가 토지를 개발하여 매매하는 방식을 택하는 것이다. 토지주와 개발사업자가 토지의 시장 가격을 정해놓고 개발행위허가 취득 후 토목공사를 완료하여 판매하는 것이다. 단순 매입 후 매도를 한다면 양도 과정에 수익을 불로소득으로 보는 것이다. 한마디로 노력 없이 소득을 취했으니 세금을 많이 내라는 것이 세법의 논리인 것이다.

하지만 인·허가와 토목공사를 하게 되면 사업을 했다고 보는 것이다. 양도차익으로 보지 않는 것이다. 사업을 하여 수익이 났으니, 사업자 소득세율로 적용받아 매출의 10%대 절세가 되는 것이다. 합법적인 토지 투자를 배우는 것이 탈세가 아닌 절세의 지름길이다.

14

{ 토지 투자 위험성
실제 상담 사례 }

✎ 토지 투자의 위험이 어떻게 존재하는지에 대해 주관적이고 객관적인 관점에서 분석한 사례가 있어 독자들께 전한다. 포럼에 열성적 회원인 행정학 박사 강 모 교수는 현재 취업 준비생 대상의 교육과 정부기관 감사를 맡고 있으며, 종종 연구소에 방문해 토지 관련 상담을 받곤 한다.

강 교수를 비롯해 총 5명이 연구소를 방문해 상담 시간을 가졌다. 경매 전문 회사 실장이 경기도 남양주시 수동면 일대 2만 2,580m²(약 6,830평) 토지를 낮은 가격에 경매 받았고, 마주 앉은 여성 3명에게 매매를 하려고 했다. 결국, 경매 받은 물건을 매각하려는 의뢰인과 필자의 감정 결과에 따라 매입(투자)하려는 상담인으로 나뉜 것이다.

강 교수는 의뢰인과 상담인 양쪽 모두 잘 아는 지인들이어서 매매 의사가 있으니 '토지개발 전문가와 상담을 한 후에 매입하라'라는 사전 협의가 있었다.

이에 대한 상담 내용을 정리해보면, 아래와 같다.

첫째, 개발 가능한 토지인가(인·허가 관련)

둘째, 현재 가격과 개발 후 가격 차이가 어떠한가

셋째, 어떤 지역인가(주택단지, 제조장, 물류 등)

먼저 매도하려는 경매 법인 실장에게 질문을 던졌다. '개발 가능한 토지인가(인·허가)'라는 질문에 대해 개발행위허가를 취득했다가 개발 과정에 부도가 나서 취소가 되었다고 한다. 필자의 조언은 허가를 득한 후에 취소가 되면 곧바로 허가 진행이 불가한 때도 있다. 지자체마다 조례가 있어 일정 기간 인·허가 접수가 거부되는 때도 있으므로 확인이 필요하다.

다음 질문은 '그 지역 인근의 현재 가격을 확인했는가'이다. 인·허가와 토목공사가 완료된 토지의 경우 최하 3.3m²(평) 80~150만 원 정도에 형성되었다고 한다.

필자는 의뢰받은 토지를 분석한 결과 최초 경매 감정가격이 2만 2,580m²(6,830평)에 8억 2,000만 원 3.3m²(평) 12만 원이었다. 5번 유찰 끝에 6번째로 2억 1,000만 원대 낙찰 받은 것이다.

3.3m²(평) 3만 원 선에 받았으니, 감정가 대비 1/4 수준이다. 물론 낮은 가격에 잘 받았다는 생각이 들었다.

경매(낙찰) 후 매매가격을 묻자 3.3m²(평) 23만 5,000원으로 감정가 대비 2배였다. 매매하려는 쪽에서는 토목공사가 2/3 되었다고 하여 필자가 토지 분할이 되었는지 물었다. 분할이 되지 않았다고 한다. 그렇다면, 공사를 하기 위해 도로만 일부 개설되었다고 봐야 한다.

현장을 답사하자고 제안했고 또 분석했다.

먼저 토지 분석은 문서 분석을 해야 하므로 등기부등본, 토지대장, 도면, 토지이용계획확인서를 확인했다.

등기부등본을 통해서 권리 관계를 확인하는데, 경매 취득 후 소유권이 이전되어 문제가 없었다. 토지대장이나 도면도 문제가 없었고, 다음으로는 일반인들이 가장 어려워하는 토지이용계획확인서를 분석했다. 문서 확인 결과 배수시설 설치 제한지역으로 하수, 오물 처리를 허용하지 않았고, 1/3은 계획관리지역, 2/3은 보전녹지지역으로 시청 도시계획과와 건축과에 확인이 요구되는 사항들이 있었다.

매입 의사가 있다면 상담일이 일요일이었기 때문에 화요일까지 확인을 하겠다고 하고 먼저 현장을 살폈다.

끝으로 현장 확인 과정을 통해 토지 투자에 있어 얼마나 전문성이 필요한지 다시 한 번 확인했다. 현장답사를 통해 살펴보니 공사를 위한 도로가 포장되어 있었지만, 필자의 예상대로 하수(배수), 우수관, 전기, 통신 시설이 전무했다. 경사도가 최소 20도 이상으로 상단은 개발이 불가했다.

가장 큰 문제는 개발행위허가를 통해 필지가 분할되고 난 이후 매매를 해야 하는데 토지가 공유 지분으로 20~30명 이상 되면 토지 취득자는 개별적으로 건축을 할 수 없다는 것이다.

필자는 토지 매도자와 매수자 양측 모두에게 위의 문제점을 지적했다. 특히 해당 토지의 경우 낙찰 받은 경매 법인에서 개발행위허가와 토목공사 완료 후 매매하는 것이 바람직하다.

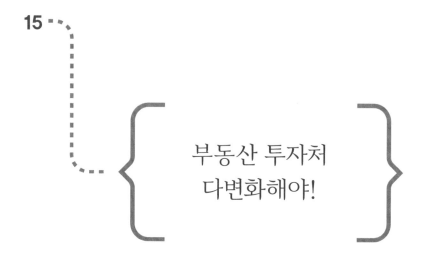

15

부동산 투자처
다변화해야!

✎ 부동산 투자에 있어 일반화된 투자가 아닌
다변적인 투자처를 권장해왔다.

부동산 붐이 일어날 때 공동 주택(APT)에 집중되면서 집중 규
제 대상이 되곤 한다.

그다음이 상가나 오피스텔이다. 하지만, 필자는 폭을 넓혀 보라
고 권장한다. 비주거용 부동산에 관심을 가져보라는 것이다.

아파트형 공장으로 불리는 지식산업센터는 생활숙박시설 경우
오피스텔+아파트+호텔의 특징을 합쳐 놓은 형태이다. 면적이 작
아도 세탁과 취사를 할 수 있어 주거용뿐만 아니라 숙박업도 운영
할 수 있다.

규제 대상이 아니며 금융 대출도 원활한 편이다. 인구 유입이 높은 지역은 임대 수요가 높아서 투자해볼만 하다. 수도권 지역과 지방 대도시지역을 살펴보면 지속 가능한 장기 투자처로 볼 수 있다.

2018년 7월 경기도 광주시 곤지암읍 일대 토지를 매입하였다. 토지 매입할 때 경강선 곤지암역과 2㎞ 정도로 가까워 산업단지 물류창고, 제조장의 수요가 많았다는 것을 분석하고 계획했었다.

하지만 2주 시장조사를 한 결과 최근 몇 년간 4만 명 이상의 인구 유입이 지속되고 있어 단독이 아닌 임대사업에 적합한 다가구 주택이 어떨지 인·허가를 고민하고 있다. 시장이란 유기적이라 주도면밀하게 분석해야 한다.

부동산 투자는 바람이 한참 불 때는 늦었다고 봐야 한다. 고수들은 바람이 불 때 빠져나온다고 생각하면 된다. 정부 규제가 심화되면 대체 투자처를 찾는 것이다.

1970~1980년대는 남대문, 동대문, 용산 전자상가 내에 상가 하나쯤 가지고 있으면 평생 수익이 보장된다고 생각했었다. 건축물이 지나치게 포화 상태가 되면서 공실 비율이 높아져 옛말이 되었다.

투자 후 3년, 5년, 10년의 3단계로 보고 빠져나와야 한다.

끝없이 대체 투자처를 찾아야 한다. 남보다 한 발 정도 먼저 가면 100% 성공한다. 너무 앞서가면 길을 내다가 남 좋은 일만 시키게 되는 것이다. 필자도 남보다 많이 앞선 탓으로 인생 수업료를 많이 들인 덕분에 부동산 전문 칼럼니스트로 집필 활동을 하고 있다. 『땅 가진 거지 부자 만들기』시리즈를 출간하면서 인터넷 방송이나 초청 강연을 하고 있다.

교육 강사로서도 활동하고 있지만, 실제 현장에서는 토지개발 전문가로서 이론뿐만 아니라 실제 살아있는 경험을 바탕으로 독자들께 생생하게 정보를 제공할 수 있다.

필자는 춘천시 신북읍 발산리 722번지 일대 지목이 임야인 보전녹지지역 공익용산지의 개발행위허가를 득하여 토목공사를 완료하였다. 펜션형 수익형 타운하우스 건축을 준비 중이다. 또한 경기도 화성시 팔탄면 노하리 일대 과수원을 매입해 토목공사를 끝내고, 산업체 근로자 주거용 주택(빌라)과 고급형 테라스하우스를 기획하고 있다.

이처럼 그 지역의 상황에 따라 단독주택, 다가구주택, 빌라, 제조장, 물류창고로 다양하게 시장을 분석해 리스크 없이 사업을 진행해야만 성공할 수 있다.

16

{ 신북방 경제 정책의
선도 중심지 '강원도' }

✎ 강원 지역의 발전상을 짚어보고자 한다.

매경미디어그룹은 '매경 강원CEO 포럼'을 개최했다. 이 자리에서 발표된 내용을 살펴보면 강원도의 발전 방향을 미리 볼 수 있다.

춘천과 원주는 스마트 시티를 넘어 차터 시티(Charter City)를 지향해야 한다는 제안이 나왔다.

스마트 시티

첨단 정보통신기술(ICT)을 이용해 도시 생활 속에서 유발되는 교통 문제, 환경 문제, 주거 문제, 시설 비효율 등을 해결하여 시민들이 편리하고 쾌적한 삶을 누릴 수 있도록 한 '똑똑한 도시'를 뜻한다.

(출처: NAVER, 시사 상식 사전 '스마트 시티')

차터 시티(Charter City)

'헌장' 혹은 '인가'를 의미하는 '차터'와 시를 의미하는 '시티'가 결합된 명사로 '통상적인 법률이 아닌 시민들의 민주적 절차에 따라 마련한 다른 법률을 채택한 시'를 의미한다.

(출처: 〈광주형 일자리, 사회적 대화 플랫폼 구축해야〉, 광주매일신문, 2019. 1. 31.)

도·시민 합의에 따라 헌장(Charter)을 만들어 스스로 규제하고, 정부의 개입은 최소한으로 하는 자율성 도시를 말한다. 강릉과 속초는 문화 예술과 관광을 즐길 수 있는 도시이다. 프랑스 칸 영화제와 같은 세계 3대 영화인의 축제 도시를 표방할 필요가 있다는 의견이다.

평창, 태백, 정선은 세계 경제 포럼을 개최하는 세계적인 컨벤션 도시인 다보스 포럼을 모델로 개발을 제안하고 있다. 다보스 포럼은 전 세계 정치, 경제 분야의 최고 지도자 모임으로 발전했다. 다보스는 시골 산악 지역으로, 겨울에는 눈이 많이 내리고 여름에는 계곡을 찾는 사람들이 오는 곳으로 그리 알려지지 않았던 관광 지역이었다. 하지만 그 지역의 출신 교수에 의해 지역인과 지역 출신들이 이곳에서 포럼을 개최하면서 오늘날은 전 세계인들이 찾는 최고의 명소가 됐다.

강원도는 지정학적 위치와 지역 간 불균형에 따라 지역 발전이

더딘 곳이지만, 정부의 평화 모드에 따라 북방 경제 정책으로 동북아 시대 새로운 물류 거점 지대를 형성할 것으로 전망된다. 이에 따라 강원 지역 CEO와 전문가들은 강원도 중심인 춘천과 원주 권역을 스타트업 기업들이 몰려오는 스마트·차터 시티로 발전시켜야 한다고 조언하고 있다.

춘천시는 이미 아시아 최대 빅데이터센터 4차산업 기지가 99만 5,000㎡ 규모로 예비타당성 조사가 통과되었다. 삼성SDS도 단독으로 3만 9,780㎡에 달하는 부지에 데이터 센터를 조성하고 가동 중이다.

삼성SDS의 춘천 데이터 센터는 세계 최고 수준의 에너지 효율을 갖춘 데이터 센터로 축구장의 5.5배 크기인 3만 9,780㎡ 대지에 지상 2층 규모로 건립되었다.

이외에도 춘천 전철역 의암호 건너 세계 최대 선사 유적지 중도에 1,325,399㎡(400,931평) 레고랜드 코리아 개발과 삼악산 로프웨이(케이블카) 국내 최장 3.6㎞ 조성으로 개발사업이 활발하게 진행 중이다.

또한, 부산에서 동해안을 거쳐 유럽까지 연결된 유라시아 대륙 횡단철도는 스타트업 기업에 세계 시장을 누빌 레드 카펫을 깔아주는 격이다. 경기 침체가 이어지고 있으나 전쟁 위험이 사라지는 순간 강원도를 중심으로 새로운 경제 모델이 탄생할 것으로 예상되고 있다.

17

남북 관계 개선으로 부동산 시장, 활기 띨 듯

✍️ 평창 동계올림픽을 계기로 남과 북 화해 분위기가 조성될 때, 필자는 칼럼을 통해 남북 경협에 따른 토지·주택 시장을 전망했었다.

결론부터 말하자면, 종전 선언이 되고 남·북한 경제 협력이 시작되면 부동산 시장은 매우 활기를 띨 것이다. 거대 외국 자본이 유입될 것으로 판단한 이유이다. 이 말은 곧, 북한에 직접 투자하는 것이 아닌 한국을 경유하는 투자로 이어질 것이다. 서울, 수도권을 거점으로 북한 투자의 전진 기지가 될 것이기 때문이다.

서울을 중심으로 캠프가 들어설 것이고 북한과 연결 관문인 경기도 파주, 고양시 일대와 강원도 철원, 고성 접경지의 토지 매수가 클 것으로 판단되며 강원도 거점 지역으로는 도청 소재지인 춘천을 들 수 있다.

이때, 중국과 일본의 거대 자본이 들어 올 것이 예상된다.

유입된 자본이 기존 경제 자유 구역으로 지정된 송도, 평택으로 일부 투자가 될 것이다. 이는 점차 개성과 평양의 관문 격인 경기 북부 권역과 북한 원산 관광특구 관문인 고성 지역으로 투자처가 퍼져 나갈 것이다.

그동안 지정학적으로 경기 북부와 강원도 일대가 전국 평균 지가에 60% 선에 저평가된 점을 고려한다면, 상승폭은 매우 높을 것으로 예상한다.

하지만 부동산 투자는 리스크도 생각해야 한다. 특히, 토지 투자에는 '묻지마' 투자는 절대 금물이다. 적어도 도로 최소 4m 이상 접했는지, 개발이 가능한지 아닌지에 따라 투자되어야 한다.

무작위 전화로 투자를 유도하는 기획부동산 사기 행각은 세월이 지남에 따라 지능적으로 발전하고 있다. 전철, 도로 개통의 개발 호재가 있는 지역 외 접경지역 토지까지 개발이 불가한 대형 임야·전·답 등을 지분 쪼개기 식으로 1필지 내에 수십 명에서 수백 명을 작게는 100~130m² 또는 660~1,000m²씩 소유권을 이전해 준다.

이러한 토지는 정부나 공기업에서 산업단지·복합주택 단지가 계획되기 전에는 개인적으로 개발이 불가해 매도할 수가 없다. 소액을 가진 사람들이 주로 당하는 사기 수법으로 전화를 통한 방법 외에도 가까운 지인들을 통해서 속는 사례가 있다. 필자가 강의를 하다보니 수강생들 중에 위의 사례를 상담해 오는 경우가 꽤 있어 갖가지 수법을 듣고 있다.

DMZ.21 월드평화정원

      ✎ 필자 연구소에서 기획한 북한을 포함 한국, 중국, 일본 3국三國의 관광산업단지 3,305,800㎡(100만 평) 규모의 DMZ.21 월드평화정원(통일부 평화정책과-166) 프로젝트이다.

국제학술센터인 문화·역사·철학의 학술 교류의 장과 환경무역 산업전시센터로 밀라노 디자인 시티 같은 환경 관련 산업전시센터를 통하여 국제 무역 전시 교류의 장을 열고자 기획하였다.

광장 월드평화정원 중앙에는 동방의 빛 타워를 세워 3국이 신성시하는 길상의 상징인 용이 하늘로 날아오르는 연출을 기획해놓고 있다.

용은 가상의 동물이나 각 동물의 9가지 형상을 하고 있고, 용의 비늘줄기가 9결이라 하여 9X9=81 수가 나오므로 지상에 100m를 올려 전망대에 평화전시관, 레스토랑을 만들고, 전망대에서부터 다시 81m를 올려 용이 하늘로 날아오르는 연출을 기획해놓고 있다.

용은 동양 철학의 원리인 5행 목木, 화火, 금金, 수水, 토土의 목木은 청룡을 뜻하며 동방의 수호신이다. 중국의 황제는 황룡이 그려진 황포 옷을 입는다. 우리의 역사는 왕의 역사이다.

봉황이 그려진 옷을 입었다. 고려 초기 왕건이 황제 나라를 선포한 바 있다. 역시 황룡포를 입었다.

동방의 빛 타워 기획은 '인도의 시성' 타고르 예언에서 영감을 얻었다. 타고르가 일제강점기 1929년 동경 특파원이었던 『동아일보』 기자와의 인터뷰에서 대한민국의 미래를 가리켜 "동방의 빛나는 나라가 세계를 밝힐 것이다."라고 하였다. 오늘날을 예언하심이 가히 시성답다 하겠다.

6·25 한국 전쟁의 아픈 역사를 간직한 지역, 생태계가 보호된 환경에서 열릴 환경산업 무역의 장, 그리고 문화, 역사, 철학을 펼칠 수 있는 국제학술센터와 3국의 관광산업단지 조성 사업이야말로 21세기 전 세계인들이 모여드는 환상의 무대가 펼쳐질 것이다. 또한 일자리의 미래가 관광산업단지 개발에서 많은 수요를 창출하게 된다.

다음으로 접경지역 중에서도 경기도 파주시와 문산, 강원도 철원과 고성, 춘천이 토지 투자에 가장 유력 지역이다.

파주, 문산, 철원 지역은 산업과 관광단지 개발 지역으로 적합하고 중앙고속도로 춘천-철원(63km)까지 연결 계획이 있으므로 남·북 경협의 전진 기지가 강원도의 도청 소재지인 춘천이 될 것이라는 전망이다.

고성 지역은 동해선 물류 거점 지역이며 북한 최대의 관광자원이라 할 수 있는 원산 지역으로 곧 바로 연결되기에 이 지역 역시 발전 가능성을 가진 지역이라 할 수 있다.

여기서 주의해야 할 것은 종전 선언 이후에도 개인적인 개발은 불가능하다. 정부 또는 공기업, 대기업만이 개발 가능하다. 또한 DMZ 내에 임야가 매물로 나오는 경우도 있지만 '생태계 보호를 위한 자연환경보전지역의 개발을 허용하겠는가?' '묻지마 투자'와 다를 바 없다.

또한 정부와 공기업에 강제수용될 경우, 현재 토지 공시지가의 1.5배 수용 보상금액이 책정된다. 현재 접경지역에 바람이 불면서 토지 공시지가의 3배까지 매매가에 거품이 끼어있다.

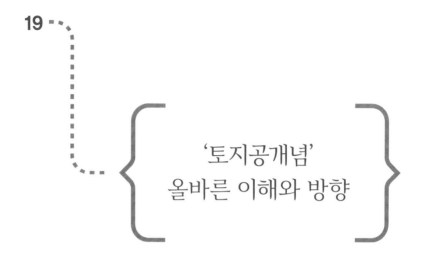

19

'토지공개념'
올바른 이해와 방향

🖋 토지공개념이 무엇을 의미하는지 알아보고, 문제점은 없는지, 현 정부가 왜 토지공개념을 지속적으로 강조하는지 살펴보고자 한다.

토지공개념이 이론적으로 거론된 것은 19세기, 미국 정치가이자 경제학자인 헨리 조지에 의해 발원되었다. 진보와 빈곤 퇴치를 위해 토지를 공공의 재산으로 분류해 정부가 관리하며 토지에서 발생되는 이익을 공공이 가져간다는 의미이다. 우리나라는 1989년 도입되었으나 일부 위헌과 불합치 판정을 받은 바 있다.

그런데 현 정부는 개헌을 통해 토지공개념을 명확히 규정하겠다고 한다.

한 국가는 건국이념이 있고 국가의 정체성이 있다. 대한민국 정부는 자유민주주의 국가이다. 따라서 개인의 사유재산을 분명하게 인정하고 있다.

 토지에 대한 공공의 이익 공유는 사회주의 국가 또는 공산주의 체제하에서 가능한 개념이다. 중국은 공산주의 체제에서 1992년 개혁 개방을 표방하면서 사회주의 체제로 전환하는 과정에서 토지를 제외한 개인 사유재산을 인정했다. 반면에 북한은 지구촌에서 유일한 인민공화국으로 전형적인 전제專制 국가인 동시에 공산주의 국가이다.

 일인지하 만인지상一人之下 萬人之上의 그야말로 독재 정권의 전형이라 할 수 있다. 북한의 전 국토는 통치자 1인의 것으로 국민(인민) 그 누구도 소유할 수 없다.

 사실 한층 더 강화된 토지공개념은 대한민국의 건국이념과 정체성에 반하는 것으로 사회주의나 공산주의 국가가 아니고는 나올 수 없는 매우 위험한 발상이다.

 현재 대한민국은 사실상 토지공개념 하에 있다.

 첫째, 토지개발 허가 시 일부 토지를 기부 체납하고 있다.
 둘째, 개발부담금을 농지 경우 대체농지조성 기금으로 전용면적(m²) 공시지가의 30% 부과, 임야의 경우 대체산림자원 조성비로 면적 대비(m²) 별도 부담하고 있다.

셋째, 개발이익환수제(재건축, 토지 가격 상승 부분)와 주택(건물)을 통해 많은 세수를 거둬들이고 있다.

18세기 미국 자유민주주의와 구소련 공산주의가 중심축이었던 세계는 양대 세력으로 나뉘어 약 100년 가까이 흐르면서 공산 세력 국가는 거의 전멸했다. 이론에 치중한 나머지 필자 역시 젊은 시절 서울 명동 성당에 모여 볼셰비키 혁명을 외치기도 했었다.

이는 서구의 전통적 마르크스–레닌주의 영향으로 소수 부르주아들을 파기시키고 노동자 중심의 정치 세력화를 꾀했다. 이른바 오늘날 재벌 개혁 정책의 일환이라고 할 수 있다.

공산주의가 무너진 원인은 공공성에 있었다. 북한의 경우 계급 사회가 아니라고 하지만 현재까지도 완전한 계급 사회이다. 앞으로 개혁과 개방 정책이 도입되면 북한 또한 비핵화를 전제로 한 남북 경협을 통해 개인의 사유재산이 인정되는 체제로 전환이 되리라 판단된다.

이상에서 열거한 것처럼 토지에서 얻어지는 수많은 세금이 있다. 그 법체계 자체가 토지공개념과 다를 바 없다. 법(재정)은 많이 만들어질수록 국민의 삶은 힘들어진다.

이에 덧붙여 국가의 건국이념과 정체성을 위배하지 말 것을 권유하고 싶다. 대한민국이 밝은 미래와 선진국(G5)을 향해 한 단계 더 도약하기 위해서는 기업은 물론 모든 국민이 신명나게 일할 수 있는 환경을 만들어 주는, '국민을 위한 정부'가 되어 주길 기대해 본다.

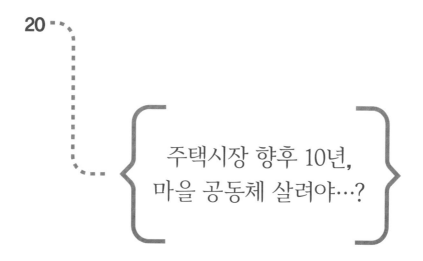

20

주택시장 향후 10년,
마을 공동체 살려야…?

    ✎ 중위 추계를 기준으로 총인구는 오는 2028
년 5천 194만 명을 정점으로 2029년부터 줄어들 것으로 전망된
다. 또한, 2019년부터 인구가 감소할 것으로 전망되는 시·도는 서
울과 부산, 대구, 광주, 대전 등 11곳으로 늘어난다.

이미 2015년을 기점으로 생산 가능 인구도 감소하기 시작했다.

통계청에 따르면 1인 가구 비중 28.6%, 평균 가구원 수 가구당
2.5명으로 핵가족화가 빠르게 진행되고 있다.

이 추세는 앞으로 더욱 늘어날 것으로 예견된다.

주택 보급률은 전국 평균 103.3%에 달한다. 해가 거듭될수록
1~2인 가구는 늘어날 것이고 주택 공급 또한 공동화 현상이 지
속될 것이다.

일본은 2011년부터 인구 감소가 시작됐다.

『오래된 집 무너지는 거리』라는 책을 통해 인구 감소와 함께 주택과 땅에 대한 생각과 수요가 어떻게 변화하는지 알 수 있다.

일본 교통 국토성에 따르면 일본에 40년 된 노후 APT가 2014년 43만 가구에서 20년 후인 2034년에는 277만 가구로 늘어날 것으로 전망했으며, 리모델링이나 재건축이 부진하여 노후된 APT들이 거리를 을씨년스럽게 만들 것이라 했다.

건설업체들은 노후된 주택을 그대로 둔 채 도시 인근 지역에 계속해서 신축해 분양하니 인구는 줄고 주택은 늘어나는 기현상이 지속되고 있다고 한다.

통계청에 따르면 빈집 통계가 조사 기관마다 들쭉날쭉해 현장조사와 무려 16배 차이가 나고, 경기도 기준으로 도에서는 빈집을 1만~1만 5,000호로, 통계청은 19만 5,000호로 조사했다. 또한 인구주택 총 조사 결과 빈집은 144,893호이며, 1년 이상 빈집은 27,326호였다. 이에 따라 통계청은 가구주택 기초조사를 통해 빈집 사유, 빈집 기간, 파손 정도 등을 파악할 예정이라고 밝혔다.

위에서 살펴본 바와 같이 빈집 실태를 정확히 조사하기에는 어려움이 있음을 감안하고, 사업계획 승인권자로부터 분양 승인을 받아 일반인을 대상으로 분양을 시행하였으나 분양되지 않은 주택인 '미분양 주택 수'는 전국 6만 122호에 달한다.

이 통계로 앞으로도 빈집이나 미분양 주택 수가 증가할 것으로 충분히 예상할 수 있다.

앞으로 경쟁력 있는 도시가 아니라면 인구 감소는 불가피하다.

따라서 토지, 주택은 사두면 무조건 오를 것이란 불문율이 깨질 것이다.

향후 10년을 볼 때 경쟁력 있는 도시는 10대~40대까지 젊은이들이 도시의 지역 인구 분포 55% 이상인 도시가 될 것이다. 이런 도시야말로 미래에도 지속 발전 가능한 도시라고 할 수 있다.

통계청 역시 저위 추계상 2030년 인천과 충북, 2033년 경기, 2034년 충남에 이어 2039년 제주까지 인구가 감소세로 전환하면서 세종을 제외한 전 시·도의 인구 감소가 시작될 것이다.

100년을 향한 산업, 관광, 의료, 교육이 다변화되고 국내뿐 아니라 국제적 교류가 활발한 도시만이 인간의 삶의 질을 높이는 도시라 할 수 있겠다.

앞으로 주택시장은 단순 APT가 아닌 고급스럽고 세련된 신형 모델인 테라스하우스로 마을 공동체의 개념을 살린 주택 모델을 지향해야 한다. 노년에 삶의 질을 높이기 위해서 전원주택을 선호하게 될 것이다.

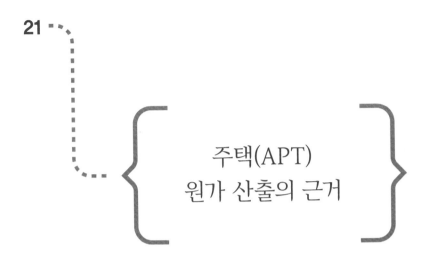

21

{ 주택(APT)
원가 산출의 근거 }

　　✎ 경제 성장률이나 설비 자산 증가율에 비해
토지 자산 증가율은 매우 높다. 또한, 주택 원가에서 땅값이 차지
하는 비중이 40~50%로 높아, 땅값이 뛰면 집값도 오를 수밖에
없다고 주장했다.

　이에 필자는 주택 가격에 토지 원가를 종목별로 분석해보겠다.

　전원주택을 포함한 일반 주택, 대도시를 벗어난 전원 마을로 구
분해야 한다. 대도시의 경우 대지 가격이 3.3m²(평) 500~1,000
만 원이라면 330m²(100평)는 5억 원에서 10억 원이 된다. 건폐율
에 50% 용적률 150% 건축면적 330m²(100평)에 165m²(50평)씩
3층까지 건축하면 된다.

이때 평균 건축비는 주택일 경우 평당 550~650만 원을 보고 있다. $3.3m^2$(평) 600만 원으로 계산하면 9억 원이다. 대지 가격이 7억 5,000만 원인 반면 건축비가 9억 원 선으로 토지대금은 40% 선이라고 보는 것이 합당하다.

반면 APT 가격은 완전히 다른 계산법이 적용된다. 층고가 15~35층, 50층 이상 올라간다. 대지 비율이 분양가에서 차지하는 비중은 15~20%대라고 봐야 한다. 1기 신도시는 30년 가까이 되었으니 비교가 안 될 것이다.

최근 대형 도시로 탈바꿈한 수원 광교 신도시를 예로 든다면 경기도시공사에서 공급한 택지 가격이 분류별로 다르지만, 공급 가격 평균 $3.3m^2$(평) 700만 원 선이었다. 수용 가격은 $3.3m^2$(평) 127만 원으로 6배 높은 금액이다.

물론 여기에는 도로, 상·하수도, 통신, 학교의 기반시설이 들어가므로 토지 조성 과정에 비용이 들어가, 지역 편차는 있지만 체비지 비중이 토지 가격 대비 배액을 산정한다. 개인들에게 분양된 APT의 경우 전용 $84m^2$(33평) 평당 분양가 최초 1,300만 원에서 최근 1,700만 원까지 올랐다.

최초 분양가로 계산하면 $84m^2$(33평)×1,300만 원=4억 2,900만 원. 건축비는 $3.3m^2$(평) 400만 원 정도이다. 총 건축비는 $84m^2$(33평)×400만 원=1억 3,200만 원. 대지 평균 지분율은 $43m^2$(13평)×700만 원=9,100만 원 건축 원가는 총 분양 원가 개념으로 2억 2,300만 원 선이다. 결국 APT $84m^2$(33평)의 마진율은 2억 600만 원 선이 된다.

　물론 필자가 지적하는 것이 최소 기업 분양가를 설명한 것이고, 현실은 더 높다. 기업 마진율은 최소 40% 이상이다. 반면 분양가의 토지 가격 비율은 20% 미만이다. 결국 APT(복합주택)가 차지하는 기업 마진율이 토지 가격 비율보다 높다는 것이다. 일반 주택과는 완전히 다른 비율로 나타나고 있다. 여기서 공급이 부족하면 급격한 가격 상승으로 나타나는 것이다.

　필자는 과거 반값 아파트의 실현 가능성에 대해 언급한 적이 있다. 충분히 가능한 이야기다. 기업 마진율을 줄이고, 땅값 비율을 낮추면 반값 아파트는 실현할 수 있다.
　위에서 언급한 설명은 일반 주택지, 근린생활시설을 중심으로 판단하고 있다.
　하나 더 짚을 것은 서민주택이라는 빌라 단지를 설명한다. 빌라 단지는 층고가 4층으로 제한되어있어 토지 비율이 매우 높다. 흔히 도시지역 아닌 비도시지역의 계획관리지역이나 자연녹지지역, 보전관리지역에 많이 건축하게 된다. 토지 비용이 적게 들어 분양가를 낮게 책정할 수 있어 서민주택으로 불리고 있다.
　비율을 살펴보면 계획관리지역의 건폐율 40%, 용적률 100%, 건축면적 330m²(100평)에 132m²(40평)를 앉힌다. 승강기, 계단 등 19.83m²(6평)를 빼고 나면 112m²(34평)를 양쪽으로 나눠

56.00m²(17평)에 확장 16.53m²(5평)를 더한 실면적 69.42m²(21평)에 방 3개, 거실, 주방, 욕실 등 작게 건축할 수 있다.

또 방 2개, 거실, 주방, 욕실 등 방을 크게 건축하면 가족 구성원 수에 따라 선택하기도 한다. 대지면적은 41.25m²(12.5평)이다. 자연녹지지역 그 외 관리지역은 건폐율 20%, 용적률 80%로, 높이는 4층까지 가능하다. 건축 바닥면적이 반으로 줄어들지만 분양자 입장에선 대지 82.64m²(25평)을 확보해 쾌적한 공간을 활용할 수 있다.

여기에서 독자들께 건축 업계 비밀을 알린다.

비도시지역이라 해도 세대수가 많으면 재건축할 때 주거지역 1종으로 분류돼 빌라가 아닌 아파트(APT) 단지가 형성될 수 있어 빌라는 사는 순간 손해 본다는 생각을 하지만 그렇지가 않다.

1~2개 동 빌라는 집단 주택(APT) 허가를 받을 수 없으나, 빌라 단지 전체 대지면적이 16,529m²(5,000평) 이상이라면 30년 이상 세월이 흘러 재건축에 들어갈 땐 황금 토지로 변해 있다는 점. 즉, 집단 주택(APT)을 건축할 수 있는 부지로 전환 가능하다는 것을 유념하시기 바란다.

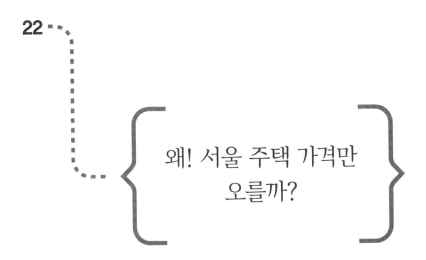

22

왜! 서울 주택 가격만
오를까?

✎ 정부의 강력한 규제에도 불구하고 유독 서울만 주택(APT) 가격이 오르고 있다.

서울 '주택' 평균 매매가··· 처음으로 6억 넘어

서울 집값이 처음으로 평균 6억 원을 넘어섰습니다. KB국민은행이 집계한 서울 지역의 주택 평균 매매가격은 6억 273만 원으로 집계됐습니다. 주택 평균 매매가격은 아파트와 단독·연립주택 등의 시세를 평균 낸 건데, 서울의 주택 평균가격은 2016년에 처음으로 5억 원을 돌파했습니다. 그리고 꾸준히 올라, 1년 9개월 만에 6억 원을 넘었습니다. 한편 서울의 아파트 평균 매매가격은 지난달 처음으로 7억 원대로 올라섰습니다.

〈JTBC 1분 뉴스〉

서울 주택 평균 매매가격이 이미 최고치를 넘어섰다.

하지만 경기도는 일부 지역을 제외하고는 대부분 내림세로 돌아섰고, 다른 지방은 미분양이 늘어나고 있으며 전세가율도 분양가 대비 50%대로 추락하고 있다.

주택시장이 침체기에 들어갔음을 알 수 있는 대목이다.

왜 이런 현상이 문제인지 그에 대한 해결책은 있는 것인지 함께 생각해보고자 한다.

자유민주주의 국가는 자본주의 원칙과 시장 경제를 근본으로 하고 있다. 즉 자율적 규제를 기본으로 해야 한다는 것이다. 건전한 국가 시스템은 소득 상위 20%, 중위 60%, 하위 20%의 균형이다.

현재 우리나라 국민 중 국제 사회 기준의 소득 중위 수준에 해당하는 국민은 50%대이다. 그러나 문제는 설문 조사에서 중위층 절반 이상에 해당하는 55%는 자신의 소득 수준을 하위 수준으로 생각하고 있다는 것이다. 그렇다면 국민은 상위 20%, 중위 25%, 하위 55%로 체감한다는 것이고, 선진국으로 분류되는 GNP 3만 불 시대에 국민 절반 이상이 '나는 가난하다'라고 생각한다는 것이다.

현재 젊은이들 중에는 공무원 시험 준비생이 넘쳐 나고 있다. 보장과 안정적이란 이점 때문일 것이다. 공무원 초임에서 10년 차가 9급 기준 연봉 2,600~3,000만 원으로 개인마다 차이는 있겠지만 월 220~250만 원 수입으로 월 얼마를 저축할 수 있겠는가. 월 100만 원을 저축한다고 가정해도 연 1,200만 원, 10년 후 1억 2,000~1억 5,000만 원 정도이다.

서울 변두리 최소형 주택 59m²(18평형) 5억 원대이다. 몇 년을 저축해야 자가 주택을 마련할 수 있는가? 최소 20년 이상 걸려도 초소형 집 마련하기가 어렵다.

우리는 일본의 '잃어버린 20년'을 잘 되새겨 봐야 할 필요가 있다.

1992년부터 1995년까지 주식은 휴지 조각이 되었고, 주택(APT) 50% 하락, 상가는 평균 60% 하락한 후 2015년까지 20년간 불황은 지속되었다. 2012년 10월 일본의 아베 총리가 제시한 경제 회복 정책인 아베노믹스는 무제한 양적 완화, 공격적인 재정 지출, 구조 개혁 이 3가지 정책을 따로 실시하면 효과가 없으니 3가지 정책을 거의 동시에 추진하겠다고 선언하고 20년간 불황을 겪고 나서 2016~2018년부터는 조금씩 회복 기미를 보이며 일자리가 다시금 증가하고 있다.

우리나라의 현실은 어떠한가?

서울 주택(APT) 가격이 정상인가 의문을 가질 수밖에 없다.

일본의 1990년대 초 주택 가격이 거품이었다는 것을 우리는 보고 느낄 수 있었고, 한순간 반토막 나는 것도 봤을 것이다.

최저 임금이 상향되면 물가도 오른다. 시급이 올라가니 물가를 올릴 수밖에 없다. 결국 인플레이션(inflation)으로 원화 가치가 떨어지게 된다.

수출에 의존한 우리나라는 수출 단가를 올려야 하고 결국 국제 경쟁력 저하로 중소기업마저 해외 이전을 하게 되고, 일자리는 갈수록 줄어들 수밖에 없다. 행정의 지나친 개입은 시장 경제 원리를 외면한 과도한 행정으로 왜곡되는 것이다.

1980년대 중반 서울 주택(APT) 59m²(18평) 평균가격은 7,000~8,000만 원 정도였다. 현재 5억 원대로 그만큼 화폐의 가치가 낮아졌다는 것이다.

30년 전 10억 원의 재산이면 부자라고 했다. 집 한 채가 5,000만 원~1억 원 선에 자가 주택을 가질 수 있었기 때문이다. 하지만 현재는 집 한 채가 기본 5억 원~10억 원 웃돌고 있다. 지역에 따라 15~30%까지 거품이라 할 수 있다. 서울 강남권 84m²~127m²가 수십억 원에 이르고 있다. 지나친 규제와 통제가 양극화를 더욱 심화시키고 있다 할 것이다.

23

서로 윈-윈 하는 것이 상생의 길

📝 이번 정부 들어서 시행한 각종 규제는 마치 종합 선물 세트처럼 규제에 규제를 더한 정책으로 일관하고 있다. 소비 심리는 크게 위축됐는데도 유독 서울 집값(APT)은 강남을 넘어 강북으로 그 오름세가 번지고 있다.

자본주의 원칙에 있어 시장 자율 정책이 우선임에도 정부가 주도적으로 개입한 결과 정책 혼선으로 집값이 왜곡되고 있다.

규제 용어부터 자세히 알아보자.

첫째, LTV(Loan To Value ratio) 주택담보대출비율, 주택 가격을 평가해 주택 담보 대출이 어느 정도인지 나타내는 비율을 말한다.

둘째, DTI(Dabt To Income ratio) 총부채상환비율, 주택을 구
입할 때 주택 담보 대출뿐만 아니라 총부채 비율까지 살
피는 것을 말한다. 주택 담보 대출 시 연간 상환해야 하는
금액을 연 소득의 일정 비율로 제한하는 것을 말한다.

셋째, DSR(Debt Service Ratio)은 총부채원리금상환비율, 주
택 담보 대출 외에 모든 신용 대출까지 합산한 것을 말
한다. 즉 주택 담보 대출 시 연간 원리금 상환액과 기타
부채의 연간이자 상환액을 합한 연 소득으로 나눈 비율
이다.

넷째, DTA(Debt To Asset ratio)는 자산대비부채비율, 규제라
기보다 대출자의 상황을 나타내는 참고 지표로 DTA가
100% 이하면 부채 대비 자산이 충분한 수준을 말한다.

다섯째, LTI(Loan To Income ratio)는 소득대비대출비율, 개
인 사업자의 가계 대출과 영업 이익으로 근로소득을 나누
는 것을 말하며 자영업자 부채 분석으로 사용된다.

여섯째, RTI(Rent To Interest ratio)는 임대업이자상환비율,
부동산 임대업이자상환비율로서 담보 가치 외에 임대 수
익으로 어느 정도까지 이자 상환이 가능한지 산정하는 지
표이다.

일반 사람들이 외울 수도 없을 정도로 많은 양의 각종 규제로 뒤덮여 있다.

왜? 유독 서울 주택(APT) 값만 계속 오른단 말인가. 원인을 분석해 보겠다.

수요와 공급이 맞지 않기 때문이다.

우리나라 자가 주택자 비율이 최근 통계청에 따르면 자가 비율은 전국 56.8%, 자가 비율이 가장 낮은 서울은 42.1%를 기록하고 있다. 전·월세 비중이 가장 크고 전셋값 변동이 가장 민감한 서울의 경우 전국 평균에 크게 못 미치는 수준인 것이다.

가구당 평균 인원수는 2.5명이고, 1인 가구 비중은 561만 8,677가구로 28.6% 정도이다. 지역에 따라서 가장 비율이 높은 강원도는 32.2%에 달한다. 통계로 볼 땐 연간 7만 가구 정도가 공급되어야 하나 최근 몇 년간 연 2만 가구의 공급이 이루어져 왔다. 결국 공급이 부족하니 가격이 오를 수밖에 없는 요인이 발생했고, 투기 수요 억제를 재건축으로 제한해 공급에 차질을 빚고 있다.

서울시 조례의 탄력 적용 문제이다.

MB정부 시절 뉴타운 플랜(35층 이상) 막으면서 층고 제한에 집착한 나머지 공급을 막고 있다 할 것이다. 35층 제한을 고집할 것이 아니라 지역에 따라 45층, 50층, 55층 규제를 완화한다면, 같은 면적 위에 150% 이상 주택 공급이 가능하다.

2018년 정부가 그린벨트를 해제해 30만 가구를 공급하겠다고 밝혔었다. 하지만 그린벨트 해제는 신중히 처리해야 한다. 앞으로 서민 정책과 신혼 희망타운 건설에 집중해야 하는 과정에 있기 때문이다.

현재 서울 주택(APT) 가격은 거품이 분명하다. 다시 보면 인플레이션 현상이 일고 있다. 단순히 30만 가구 공급에 급조하지 말고, 재건축의 경우 층고에 연연하지 않는 것도 중요하다.

정부가 지자체에 협조할 것은 협조해주며 서로 윈-윈 하는 것이 상생의 길이다.

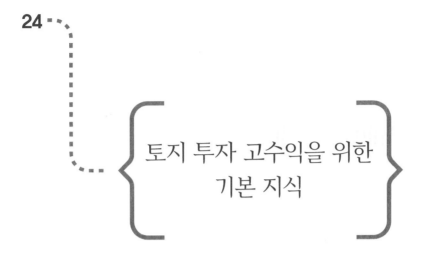

24

토지 투자 고수익을 위한
기본 지식

✎ 투자에 실패하지 않기 위해서 최소한 알고 있어야 할 기본 지식은 무엇일까?

'고위험 고수익'이라는 토지 분야에 대해 집중적인 분석을 하고자 한다.

토지 목적물의 법률관계에서 가장 중요한 것은 문서 확인이다.

· 등기부등본
· 대장
· 도면
· 토지이용계획확인서

위 4가지 문서가 법률적인 사실관계이다.

등기부등본은 권리 관계를 나타내며 토지 경매에서 권리분석에 기초가 되기도 한다. 지상권, 지역권, 저당권, 경매 예고등기, 압류 등 변경 사항이 기재되어 있다.

대장은 토지(임야) 대장이 있으며 번지 앞에 '산'으로 임야대장에 기재되고, '산'자가 없는 번지는 '토임'이라고 표기하고 있다. 최초 등록일과 분할이 되었다면 면적(m^2), 날짜, 명의자 등이 명확히 기재되어 있다.

도면은 지적도와 임야도가 있는데 '산'번지는 임야도에 등록하고, '산'자가 없는 번지는 지적도에 등록한다. 지적도와 임야도는 토지의 형상, 경계, 주변 필지 현황에 대한 정보를 제공한다.

위에서 언급한 3가지 문서는 기초 상식만 있다면 확인 가능한 것이다. 하지만 토지이용계획확인서는 복잡, 다식하여 일반인들은 문서 파악에 어려움이 있다. 토지이용계획확인서 최상단에 토지의 주소, 지목, 면적, 공시지가 표시되어 있다. 그리고 하단에는 지적도와 임야도가 합쳐진 지적 임야도가 있다.

「국토의 계획 및 이용에 관한 법률」에 따른 지역, 지구 등과 다른 법령에 따른 「토지 이용 규제 기본법」 시행령에 해당하는 사항을 표기한다. 주로 토지거래허가구역에 해당하는 토지인지 여부를 표시해 준다.

하단부 중간 우측에 작은 네모 칸이 있고, 그 옆으로 지역 표기와 도로 개발제한 등의 표기가 나열되어 있다. 최하단부에는 유의사항이 법령과 함께 기재되어 있다.

일반적인 투자 성향을 분석해 보면 '친구 따라 강남 간다'고 많은 투자자가 지인을 통해 투자하는 것을 자주 볼 수 있다. 또한 특정 지역의 개발 바람을 타고 투자하는 경우 투자의 모습은 다양하게 이루어진다. 하지만 토지 투자는 기초, 기본 지식을 갖고 있지 않고서는 위험하다는 것이 필자의 견해다.

최근 지인이 문산 지역 논畓을 평당 90만 원에 매입하려고 한다는 상담을 요청해왔다. 앞서 'DMZ 접경지역 묻지마 투자의 위험성'에서 언급했듯 평창 동계올림픽 개체와 남·북 정상회담을 계기로 남·북 화해 모드가 무르익으면서 DMZ 접경지역 땅값이 올해 2월보다 3배까지 치솟고 있다. 지역별로 보면 경기도 파주, 문산과 강원도 철원, 고성, 춘천이 해당 지역이다. 남·북 경협이 본격화되면 접경지역과 강원도 도청 소재 지역이 상승하는 것은 자명한 것이다.

높은 산도 오르는 길이 있고, 낚시를 해도 고기가 잡히는 곳이 따로 있듯이 모든 땅이 전부 수익을 낼 수 있는 건 아니다.

토지 투자 시 꼭 알아야 할 용도지역에 대해 짚어보겠다.

용도지역은 아래와 같이 기본 8가지로 나눈다.

보전녹지지역, 생산녹지지역, 자연녹지지역, 보전관리지역, 생산관리지역, 계획관리지역, 농림지역, 자연환경보전지역.

이 중에서도 개발이 100% 가능한 용도지역은 계획관리지역과 자연녹지지역이다. 이외 보전관리지역은 시·군 조례 법령에 따라 개발 가능 여부 확인이 필요하다.

생산녹지지역과 농림지역은 농업을 원칙으로 지정된 토지로, 지역 농업인 외엔 개발이 불가하다. 꼭 기억해야 할 것은 투자 목적의 토지에 도로가 접했는지 확인하는 것이다. 도로의 폭이 최소 4m 되어야 일반 주택 건축이 가능하다. 공장이나 물류(창고) 단지로 허가를 받으려면 도로 폭이 최소 6m 이상 확보되어야 한다.

현황은 도로가 접해 있으나 토지이용계획확인서 법례란의 표기에 '완충녹지'로 표기되어 있다면 도로가 접했으나 진입이 불가한 지역이다. '완충녹지' 표기는 자연재해방지로 추후 위험률 방지나 대기오염, 소음, 진동, 수질오염 등으로 진입을 막고 있다.

접도구역은 도로의 손궤, 미관의 보존, 교통의 위험 방지로 도로 경계선으로부터 양방으로 2m를 초과하지 않는 범위이며, 추후 도로 확장으로 건축물 허가 시에 확장 부분을 제외하고 건폐율(바닥

면적)을 산정한다. 투자함에 있어 위에 언급한 부분만 알고 투자
해도 최소한의 기본은 알고 있다고 볼 수 있다.

25

노후 대비 주택 임대마저 과세하려는가!

✎ 정부 재정개혁 특별위원회는 금융소득 종합과세 대상을 2,000만 원에서 1,000만 원으로 낮추겠다고 발표했다.

특히 주택 임대소득을 종합과세한다는 방침에 따라 과세 대상도 현재 약 9만 명에서 40만 명으로 대폭 확대된다.

소득 2,000만 원 이하 주택 임대소득에 대한 과세가 시행되면 과세 부담으로 인한 임대 등록이 감소할 것으로 예상하고 각종 혜택을 마련하겠다고 밝혔다. 그중 하나가 임대소득 400만 원 공제 유지와 추가 혜택이었다.

하지만 반년 만에 세금을 더 올리겠다고 나섰다. 금융소득이나 주택 임대소득이나 연간 2,000만 원은 월 166만 원으로, 노부부의 한 달 생활비도 안 되는 금액이다.

공직이나 공기업 출신이 아니라면 은퇴 후 30~40년 무엇으로 보장받겠는가.

그래서 노후 보장 대책으로 주택을 매입해 임대하는 경우가 상당하다고 본다. 50~60대는 부모와 자식들에게 수입 대부분이 지출된다고 봐야 한다.

정작 본인들의 노후 30~40년을 정부도, 사회도, 자식도 보장하지 않는다. 이에 노후 대비용으로 금융소득 일부와 주택 임대소득을 선호하는 것이다.

종합적으로 볼 때 경기활성화 방안을 모색하는 것이 바람직하다.

다주택자 과세도 필요하지만, 임대사업자 등록을 양성화하고, 주거 사각지대에 놓인 서민들이 살아갈 수 있는 정책을 펼쳐주길 바란다. 특히 산업체 저임금 근로자를 중심으로 낮은 가격의 주택 보급을 마련해야 한다.

필자는 여러 해 동안 반값 주택 실현 가능성을 주장하고 있다.

지자체 중심의 국·공유지나 보전산지를 지역의 중·소 건설사에서 낮은 가격에 공급하고, 지역 업체는 최소 수익으로 장기 근로자나 결혼을 앞둔 신혼부부에게 우선 공급하고, 수입이 없는 서민 위주로 5년 이상 장기 임대하는 방안을 주장해왔다.

이는 중앙정부와 지자체가 함께 협력해 풀어야 할 숙제이다.

필자도 경기도 화성시 팔탄면 노하리 인근 동방호수 바로 앞에 산업체 근로자 숙소나 신혼부부들이 생활할 수 있는 1.5룸(59m², 18평)을 건설 중이다.

인근 임대가격이 보증금 2,000만 원 월 50만 원임을 고려할 때 산업체 근로자 숙소, 신혼부부들이 거주하기에 안성맞춤이다. 임대인이 2가구를 소유한다면 월 100만 원의 소득으로 생활에 보탬이 될 것이다.

26

경제 연착륙이 부동산 시장에 미치는 영향

✎ 경제에 있어 가장 위험한 것이 일반적으로 인플레이션inflation 과 디플레이션deflation 이다.

인플레이션은 화폐의 가치가 하락하는 것이다. 즉 물가가 지나치게 오르면 돈의 가치는 떨어지는 것이다.

소득 주도 성장론을 앞세워 최저 임금을 대폭 올리면서 나타나는 현상이 물가 인상이다. 일반 생필품을 비롯한 생산 원자재 값이 올랐다는 것이다. 최저 임금 인상으로 개인의 소득까지 오르는 것은 사실이나 물가도 올라가므로 실제 수입으로 나타나지 않는다는 문제점을 안고 있다.

더 큰 문제는 소득을 높여 소비를 활성화한다는 방침이 오히려 소비가 줄고 있다. 미래에 대한 불안으로 최저 생계비만 지출하는 것이다.

이 현상이 지속되면 디플레이션이 일어난다. 소비가 줄면 생산이 줄고 고용이 준다는 것이다. 결국은 일자리가 점점 줄어든다.

국가는 새로운 정책을 실험해서는 안 된다. 정책을 실행하기 전에 외국의 사례나 사례가 없다면 일부 분야를 일정 기간 실험 과정을 거친 후 바른 방향이라면 점진적으로 확대해 장기화시키는 것이 바람직하다.

여기서 무서운 것은 경제 연착륙이다. 서서히 멈춘다는 것이다.

우리 몸에 혈류가 돌다가 심장에서 멈추면 결국 생명을 잃게 된다. 머리에서 멈추면 전신 마비 또는 반신불수가 되어 정상인이 아닌 병자로 생을 마쳐야 한다.

신약을 개발할 때도 동물 실험을 통해 1~3차 실험 완성 후 인적 실험을 한다.

경제 논리를 정치 논리에 맞춰 실행하다가 '아니면 말고'식이라면 또다시 국가 부도(IMF)에 처하게 된다.

여러 논리를 들어 외환 보유가 충분해 그럴 일이 없다고들 하지만 1997년 우리나라 경제 규모와 지금은 전혀 다르다. 외환 보유가 문제가 아니라 경제가 인플레이션 현상과 디플레이션 현상이 같이 나타날 수 있기 때문이다.

두 현상이 앞으로 2~3년 이상 지속되면 경제 전반에 걸쳐 연착륙이 나타날 것이다. 다시 강조하지만 일본의 '잃어버린 20년'을 깊이 생각해야 한다.

이제 부동산 시장을 살펴보자.

분양가 대비 건축비용을 살펴보면 왜 분양 가격이 오를 수밖에 없는지 알 수 있다.

2010년~2013년까지 서민주택 빌라 건축비용이 $3.3m^2$(평) 280~300만 원 건축이 가능했다. 2017년부터 현재까지는 $3.3m^2$(평) 400~420만 원으로 5~6년 전과 비교해 30% 이상이 올랐다. 원인은 인건비 상승이 가장 높고 다음으로 원자재 가격 인상이다. 반면 토지 가격은 10~20% 선 올랐다.

인간의 삶의 기본은 의식주에 있다.

서민을 위한 최저 임금의 갑작스러운 인상이 생산 원가의 인상으로 이어지고 있고 더 큰 문제는 소비 위축에 있다. 결국 일자리가 줄어들어 실업자만 양산되고 있다는 것이다.

우리나라 소비 실태는 소득 수준 상위 20%가 전체 소비의 절반을 차지한다. 그러나 소득 수준 하위 20%를 중심으로 각종 실업 급여 등 많은 재정이 지출되고 있다. 이로 인해 기본적으로 생계유지가 되다 보니 힘들고 어려운 일은 기피하는 현상이 생기게 된다.

결국, 힘들고 어려운 일은 70% 정도가 외국인 근로자들로 대체하고 있다. 60%를 차지하는 소득 수준 중위에 초점을 두고 정책이 실행되어야만 바람직한 경제관이 확립된다.

시장(자율) 중심에서 국가는 관리를 하는 것이 자본 자유민주주의 시장 경제인 것이다.

국가가 주도하는 시장 경제는 매우 위험하다는 사실을 인식하길 바란다. 우리나라는 사회주의식 경제 체제가 통하지 않는다. 순수 시장 경제 시스템으로 성공한 나라이다.

소득 수준의 하위 20%는 여러 지원책이 필요하긴 하지만 빈곤 노인, 장애인, 결손 가정 등은 돌보되 젊은이들이 편한 일자리만 고집할 것이 아니라 땀 흘려 일해서 먹고 살아야 한다는 올바른 인식부터 바꾸어주어야 한다.

27

21세기 건축물에는 문화를 담아내라

✎ 21세기에는 문화가 함께하는 건축물로 변화해야 한다. 기존 건축물은 토지를 매입하고 건축물을 건축해 분양하는 하드웨어 방식 공급자 형태이다. 성장 경제 시대에는 수요가 많았으므로 높은 수익을 창출할 수 있었다.

하지만 현재 시점은 공급자 중심에서 벗어나 수익자(사용자)의 관점에서 공간의 여러 차별적인 편익 면에서 어떤 콘텐츠를 제공할 것인지가 관건이라 할 수 있다.

건설업계는 기존 틀에서 벗어서 라이프스타일에 대한 연구와 투자가 이루어져야만 살아남을 수 있다. 소비자들이 이제는 더 이상 상업 공간이 물건만 파는 장소로 여기고 있지 않다.

공간을 개발하여 소비자가 원하는 생활양식에 콘텐츠를 잘 담아내면서 지속 가능한 상업 공간을 만들어 낼 수 있어야 한다.

건설업계는 기존 사업 영역인 주거, 업무, 상업 공간이 개성 없는 생활양식 콘텐츠로는 생존이 불가능하다고 봐야 한다.

칸막이로 나뉜 닭장 같은 업무 공간이나 박스를 쌓아 놓은 것 같은 획일화된 APT, 오피스텔, 부동산 사무소, 편의점, 프랜차이즈 가맹점 상가들은 앞으로 소비자들로부터 외면 받을 것이다. 뭔가 색다른 상업 공간을 디자인해야 한다.

변화가 없으면 발전도 없다.

한 예로 필자의 연구소 132m²(40평)의 공간을 업무용 책상 2개 외엔 고객과 마주하는 중앙 회의 탁자와 담소를 나눌 수 있는 낮은 탁자 외엔 확 트인 공간이다. 방문객들이 마치 카페에 온 것 같다고 한다.

기존 연구소 이미지는 칸막이로 나뉘어 있어 상대방이 보이지 않는다. 연구 업무가 앉아서 머리를 싸맨다고 좋은 아이디어가 나오는 것이 아니다.

연구소는 전문 연구 위원들로 구성되어 있으며 행정 실장은 1주일에 3일 출근을 자유롭게 하고 있다. 집에서 또는 여행을 통해 좋은 기획, 아이디어가 언제든지 나올 수 있는 것이다. 임원들도 출·퇴근 시간이 정해져 있지 않다. 그야말로 자율적인 체계이다. 생산직 직업은 AI 인공지능을 통해 작업 능률과 불량률을 낮추는 것이 바람직하다. 하지만 연구 인력은 자유로울 때 생산성이 높게 나타난다.

창조적 사고는 영혼이 자유로울 때 가능하기 때문이다. 결론적으로 말하면 부동산 개발에 있어 기존의 틀을 벗어나 소비자의 편익이 우선되지 않는다면, 사업성이 없다는 것이다. 소비와 함께 쉼터의 공간을 다양화시켜야 하고, 문화적인 측면까지 깊이 고려되어야 한다.

기존 상업 기준은 연령, 소득, 직업, 기술이 고정된 척도가 존재하지 않으므로 근본적으로 인구 통계학적 특성과 구별되는 성격이다.

다양한 생활양식, 사고양식, 다양한 문화가 심리적 요인이 되고 있고 특히 여성들의 사회적 위상에 따른 생활의 변화가 크게 작용하고 있다.

'21세기 건축물에는 반드시 문화를 담아내라'라고 권장하고 싶다.

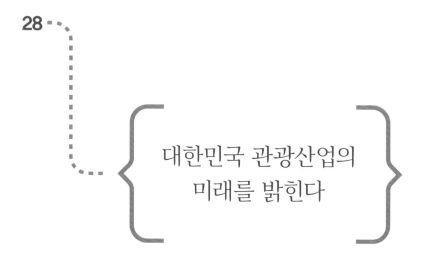

28

대한민국 관광산업의
미래를 밝힌다

✎ 토지시장에서 앞으로 주목해야 할 곳은 '관광단지'로서 아직 미개척으로 남아 있다.

관광산업은 공해 없는 고부가가치 산업으로 국가와 지역민의 고용창출과 지역 경제 활성화에 이바지하며 외국 자본 유치 등으로 미래 지속 발전 가능한 산업이다.

산업화가 첨단을 넘어 4차산업 혁명이라고 하는 인공지능(AI)이 사람의 두뇌를 대체하는 '신의 영역'에 이르고 있다. 그러나 사람의 감정만큼은 어찌 기계가 넘을 수 있겠는가?

기계가 사람의 감정을 뛰어넘을 수 없는 분야 중 하나가 문학이라 할 수 있다. 시, 산문, 수필, 소설은 사람의 감성에 의해서만 집필될 수 있는 것이다. 데이터에 의해 시와 소설이 쓰일 수는 없는 것이다.

세계 경제 포럼에 따르면 한국의 관광산업 경쟁력 순위는 2007년 42위부터 2009년 31위, 2011년 32위, 2013년 25위, 2015년 29위, 2017년 19위, 2019년에는 역대 최고 순위인 16위를 기록했다.

반면 2000년대 초반 자국민의 숫자를 뛰어넘는 관광객 숫자로 관광 대국으로서 세계 1위를 지키던 프랑스는 2010년을 지나면서 스페인에 1위 자리를 내어주기도 했다. 이는 세계 경제 포럼에서 관광 경쟁력을 판단하는 관광 정책, 인프라, 환경 조성, 자연·문화 자원 분야 등 14개의 하위 항목을 통해 매겨진 순위이기 때문에 대한민국은 현재 많이 성장해 있으나, 1~3위를 차지한 스페인, 프랑스, 독일 등의 관광 대국들에 견주어보면 아직은 갈 길이 멀다는 평가가 객관적이다.

세계 관광 경쟁력 순위에서 볼 수 있듯이 대한민국은 관광 대국으로서의 면모를 충분히 갖추고 있다. 정책 방향만 제대로 잡는다면 2020년 목표였던 '관광객 2,000만 명 시대'가 그리 어렵지 않다고 본다.

지난 예로 2000년 초 필자가 관광단지 개발 기획을 하면서 2010년 대한민국 관광객 1,000만 명 시대가 열릴 것이라고 확신할 때 한국관광공사를 비롯해 관광 전문가들이 머리를 갸우뚱했다.

필자에게 무엇에 근거하여 연간 10%의 성장이 가능하다고 보는가에 대한 질문이 많았다.

21세기 문명은 '대한민국이 주도할 것이다'라고 단언했고, 그 예로 문화 콘텐츠가 바람을 일으킬 것이고 관광단지 조성 사업에 집중할 때라고 강조했다. 관광단지 개발 컨셉으로 지역을 선택할 때 그 지역의 역사성과 역사적 인물 발굴, 지명의 유래, 미래 지속 발전 가능한 계획을 세워야 한다고 지적한 바 있다.

필자는 지명의 유래와 역사적 인물 등 그 지역의 상징성을 찾는 것이 관건이라는 제목의 글이 있다. 특정 지역의 유래를 통해 크기가 작은 지역이라 할지라도 그 지역의 상징성을 파고들어야 한다는 것이다.

또한, 관광산업이란 흥興락, 문文락, 심心락으로 3락樂이 전제되어야 한다.

흥락興樂은 볼거리(축제), 먹거리(음식 문화), 즐길 거리(워터파크, 각종 놀 거리) 문화를 기본으로 한다. 문락文樂은 문화, 역사, 철학, 환경, 교육의 장이 되어야 한다. 심락心樂은 힐링 센터를 비롯해서 의료, 해양 연안 호수 학습지의 생태 공원 등이다.

이처럼 관광은 단순한 여행으로서의 차원 넘어서 문화, 역사, 철학, 환경에 의해 과거와 현재, 미래가 공존하고, 인간과 자연이 함

께하며 다양한 문화와 역사가 살아 숨 쉬는 신개념의 관광산업이
되어야 한다.

휴식으로 관광이 발달한 서구인들을 보면 가족, 친구들과 요란
스러운 관광을 하지 않는다. 책을 보며 휴가 기간의 절반은 '쉼'으
로 관광을 즐기는 문화이다. 심신을 달래면서 재충전의 시간을 갖
는 것이다.

이는 관광학에서 관광 행동의 유형, 관광 형태에 의한 분류 중
'체재형 관광'에 속하는 것이다. 관광지에 머물면서 휴양을 하거나
관광 레크리에이션을 행하는 형태이다.

한곳에 머무는 특징을 가지고 있으며, 관광 활동을 하는 것과
체재성이 불가분의 관계에 있는 것이다. 따라서 이 관광 형태가 성
립되려면 목적한 관광 활동을 하는데 머물 만한 가치가 있는 관광
대상 내지는 관광 환경이 있어야만 한다는 것이 전제 조건이다.

반면 우리의 관광 문화는 어떠한가? 우리의 관광 형태도 상당
부분 즐기는 문화로 그 수준이 올라왔지만, 여전히 일부는 '놀고
보자'는 문화가 지나쳐 여행사 스케줄에 쫓기다시피 하며 비몽사몽
으로 관광을 하고, 그 자체를 즐기지 못하는 여행을 하기도 한다.

고품격의 관광 상품을 개발해야 하고, 여행이란 말 그대로 그
나라의 문화, 역사, 철학, 환경을 통해 정신 고찰의 시간이 함께할
때 흥락과 문락, 심락의 21세기 미래 지속 발전 가능한 관광 대국

의 실현이 가능하다.

대한민국은 국민소득 3만 불 시대에 이르면서도 경제 위기 국면으로 여러 위험 요소를 가지고 있다. 하지만 정신문명의 세계관을 지닌 민족이 아닌가?

남·북 관계 개선을 희망하면서 관광산업이야말로 진정 4차산업이란 것을 잊어서는 안 된다. 대한민국은 좋은 지형 조건과 우수한 두뇌를 지닌 국가이다. 14억 명이 중국인들을 비롯한 13억 3천만 명의 인도 외 6억 5천만 명 아시안 국가들이 가장 선호하는 국가이기도 하다.

앞서 말한 세계 경제 포럼에서 발표한 관광 경쟁력 국가 순위에서 스페인, 프랑스, 독일을 이어 아시아 최고 순위를 차지한 4위 일본을 넘어서는 관광 대국으로서의 대한민국은 실현 가능한 꿈으로 콘텐츠 개발뿐만 아니라 문화, 역사, 철학, 환경의 장을 기획해야만 한다.

2부

부동산 경매
한눈에 보는 수익 창출

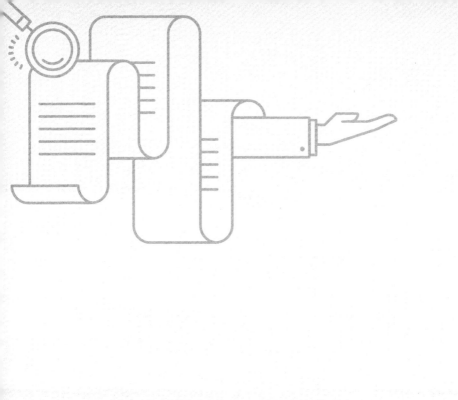

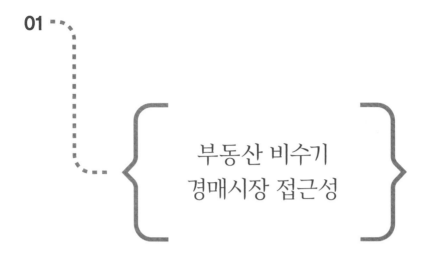

부동산 비수기
경매시장 접근성

✎ 경매시장을 살펴보면 지역별로 편차는 있지만, 전국 평균가 APT의 경우 올해 상반기 최고가율이 형성될 때는 감정가 대비 110%까지 낙찰되었다. 하지만 최근에는 80%까지 떨어져 감정가 대비 낮은 가격에 낙찰되고 있다. 가장 낙폭이 적은 부분은 집합건물이나 주택의 경우이고, 상가는 60%까지 내려갔다.

토지시장은 어떠한가? 급매물이 속출하고 있다.

토지시장 낙찰가율은 감정가 대비 50%까지 떨어진 상황이다. 앞으로 최소 2~3년간 이 상황이 지속될 것으로 판단된다. 좋은 물건 찾기란 보물찾기만큼이나 어렵다. 하지만 지속해서 정보를 취합하고 발품을 판다면 좋은 물건을 찾을 수 있다.

　토지시장에서 좋은 물건이란 개발 가치가 있는 토지이다. 전·답·임야를 낮은 가격에 매입하여 그 지역 특성에 맞게 주택, 근린생활(소매점), 공장, 물류의 개발행위허가 가능한지, 분양 가능성이 있는가? 여부를 놓고 판단한다. 토지 투자는 수익이 높은 만큼 전문적인 지식이 필요하다.
　토지대장, 임야대장에 대하여 간략하게 알아보고자 한다.
　토지대장은 임야대장에 등재된 토지 이외의 토지를 기록하여 올리고, 임야대장은 개간 준공 전 산림을 등재한다. 토지대장에는 지적도, 임야대장에는 임야도가 별도 작성되어 있다. 확인할 수 있는 사항은 토지의 소재, 지번, 지적, 소유자, 토지 등급, 공시지가 등이 있다. 토지의 형상은 대장을 기준으로 정리된다.

　토지대장과 임야대장에 별도로 작성되는 지적도, 임야도는 토지의 형태 및 경계를 확인한다. 지방에 소재한 임야의 경우에는 공도와 사도의 접도 여부를 확인할 수 있다. 이때 주의할 것은 도면상 구랑과 도로를 착각할 수 있으니 구분해야 한다.

　반드시 익혀야 하는 것이 토지이용계획확인서이다.

　특별한 목적으로 부동산을 취득하는 경우에 가장 중요한 것이 그 부동산의 이용 목적에 따른 공법상 제한과 이용 범위이다.

　우리나라 토지의 이용실태 및 특성, 미래의 토지이용 방향은 전
국토의 용도지구, 용도구역으로 나뉘고 이에 따라서 건폐율과 용
적률이 달라지므로 토지의 경제적 효율성을 판단할 수 있다.

　기타 사용 용도에 따른 법률의 제한 사항인 군사시설, 상수도보
호구역에 따른 저촉 여부와 그 밖에 특별법에 따른 제한이 있으므
로 해당 관서에 반드시 확인이 필요하다.

　1종전용주거지역의 건폐율 50% 이하 용적률 100% 이하이고,
중심상업지역은 건폐율 90% 이하 용적률 1,500%이다. 따라서 유
통상업지역에는 단독주택을 건축할 수 없다. 숙박업소는 상업지역
에만 건축할 수 있다.

　경매 후 건축 예정이면 인·허가(개발행위허가) 사전 검토가 필요
하다.

　토지 인·허가 과정은 지역에 따라 약간의 차이는 있으나 기본
적으로 70~90일 정도 소요된다. 사례로 경기도 광주 곤지암읍
에 위치한 토지이다. 물류창고 인·허가 시 1차 개발행위허가 과정
에 5개월이 소요되었다. 문화재 발굴조사가 45일, 사전재해성 검
토 및 환경영향평가가 45일, 도시계획 심의 과정에 보완으로 60일
이상 더 필요하였다. 이 부분은 개발제한 여부에 따라 지자체마다
조례·법령에 상당한 차이가 있기 때문이다.

지자체마다 조례·법령에 상당한 차이를 보이는 부분은 독자들이 모두 직접 경험하기에는 어려움이 있다. 전문 서적을 통해 간접적으로 실제 현장 사례들을 보고 배우는 것도 한 가지 방법이고, 다양하게 진행되는 토지 및 부동산 교육을 권장한다.

02

{
# 토지 투자
# 수익 창출과 위험성
}

✎ 'JNP토지주택정책연구소' 산하 포럼이 매월 1회 개최된다. 2018년 1월 발족하여 1부 강의는 외부 초청 강사가 진행하고, 2부는 필자가 토지와 관련해서 강의를 진행한다.

1부, 서울·수도권 부동산 경매 전문가로 유명한 박OO 교수가 맡았다. 경매 교수 20년, 법원 집행관 출신으로 필자와 함께 경매, 토지분석 상담을 하고 있다.

경매로 토지 투자 수익을 어떻게 창출할 수 있는지 그 방법을 소개하고자 한다. 경매 피해에 대처하는 방법과 경매로 인한 피해가 발생했을 때 대안을 제시하며 강의를 진행하고 있다.

경매에서 감정가 대비 물건별로 낙찰가 평균가격이 산출된다. 대법원의 용도별 경매 통계표를 살펴보면 2017년 3월~ 2019년 말까지 평균 매각가율은 APT 90.6%, 단독주택 87.5%, 오피스텔 84.2%, 전·답 80.7%, 대지 79.7%, 연립·다세대 79.6%, 다가구 79.3%, 근린생활시설 71.4%, 임야 66%, 상가 56.2%로 집계됐다. 이 통계들은 부동산 경기 상향주기 낙찰가율이다. 중·하향 주기 낙찰가율은 위 통계에서 10% 이상 마이너스 계산을 해야 한다.

독자들은 여기에서 숨은 함수를 알아야 한다. APT, 빌라, 단독주택은 유치권에 큰 문제가 발생하지 않는다. 하지만 상가의 경우는 유치권 문제가 많이 발생한다. 임차인 경우 전 임차인과 시설비용(권리금) 문제가 있다. 임대인이 임차인을 계약기간보다 미리 내보낼 때는 임대인이 권리금을 대납해주어야 한다.

계약기간이 만료된 후에는 시설물은 원상복구 하도록 법이 정하고 있으나, 임차인이 계약 만료 기간 후 6개월까지는 더 사용하도록 임차인을 보호하고 있다. 임차인 계약기간이 많이 남은 상태라면 낙찰 받더라도 임차인 보호가 우선됨을 잊어서는 안 된다.

토지의 경우 낙찰가율이 66%인 것은 낙찰가가 예년에 비해 매우 높아서이다. 전·답 경우 감정가 대비 평균 55%이고, 임야는 감정가 대비 평균 45% 선이다. 주택·상가는 감정가액이 비교적 정확하다.

하지만 전·답은 주변 시세 반영과 거래가액을 추정하여 감정이 가능하다. 그러나 임야(산) 경우 감정가를 측정할 수가 없다. 실제 거래가 많지 않기 때문이다. 그래서 토지 감정원에서 감정사들이 감정평가 수치를 기준으로 한다.

국가에서 세금 체계를 위해 정하는 공시지가는 큰 의미가 없다. 실거래에 있어 공시지가보다 낮게 거래되는가 하면 산업단지의 호재가 있는 지역은 공시지가 대비 5~10배 이상까지도 실거래가 이루어지고 있다. 감정사들이 임야(산)는 감정평가 수치를 낼 수 없으므로 감정 결과는 실제 경매에 있어 무의미한 것이다. 경매에 있어 가장 꺼리는 물건이 임야이다.

최근 몇 년 기획부동산에서 호재가 되는 지역을 이용해 불특정 다수에게 텔레마케팅 방법으로 영업을 하고 있다.

그 예로 평택지역을 들 수 있다. 산업단지 개발과 SRT 철도역 인근의 33,058m²(1만 평) 이상 임야를 낮은 가격으로 경매 낙찰 받아 불특정 다수인을 상대로 전화로 유혹하여, 공유자 지분 몇 분의 몇 식의 지분 쪼개기로 현재 시세보다 낮은 가격이라며 매매하고 있다.

1필지 토지에 수 명이나 수십 명이 지분으로 매입할 경우 개발이 불가하므로 땅을 사는 순간 후회하게 된다. 반면, 개발 가능한 임야를 낮은 가격에 경매로 낙찰 받을 수 있다면 고수익이 분명하다.

03

{ 건전한 경매 투자 사전
피해 방지 대비책 }

✎ 경매는 부동산을 실제 가격보다 낮은 가격에 취득할 기회이고, 투자하는 사람들에게는 고수익의 창출이 가능한 수단이다. 하지만 이면에는 비전문가인 경매 브로커들이 판을 치고 있고, 무책임한 기망 행위 등으로 피해자가 발생하면서 심각한 사회 문제가 되고 있다.

법원 앞을 보면 경매 대행 업체가 상당히 많은 것을 볼 수 있다. 자칭 전문가라고 하지만 실제 전문가를 만나기란 쉽지 않다. 대행을 통하여 수수료를 받기 때문에 실제 소득이 되지 않아도 무분별하게 낙찰을 받는 경우가 빈번히 발생한다. 대행업체가 책임지는 것이 아니므로, 경락인이 기본적인 지식을 쌓고 나서 경매에 참여해야 한다.

🔍 투자 목적에 따른 검토

실소유가 목적이라면 본인의 직업, 자녀 교육 등에 주관적인 목적이 중요하며 지역과 층수, 면적, 학군, 교통과 거주 예정 기간에 대한 파악이 필요하다.

매매 차익 물건은 오히려 비싼 물건, 상가는 공실률, 상권 활성화의 가능성, 대형 상가가 들어설지의 검토가 필요하고, 임대가 목적이라면 지하층이나 1층, 꼭대기 층에 비중을 두고 안정적인 수입을 목표로 해야 한다.

🔍 자금 계획에 따른 검토

투자금은 적어도 2년 이상 제1금융권 대출 금리 이하로 사용할 수 있는 자금이어야 한다. 회수 기간은 단기(1~2년), 중기(3~4년), 장기(5년 이상)로 구분이 필요하고, 회수 기간은 길수록 수익률이 높아진다.

소액 투자로는 장기적으로 봤을 때 수익성이 있으면서 5천만 원 정도의 투자가 가능한 임야 등에 물건이 적합하다.

🔍 지역 분석의 중요성

공부에 나타나지 않는 부분에 대해서는 현장 방문을 통한 분석이 필요하다. 개별 물건에 대한 현황으로 구조, 실평수, 노후 상태 외에 임차인 점유관계, 제시외 건물, 수목, 농작물의 소유관계 및 법정지상권, 유치권 성립 가능성과 실제 거래 가격을 조사해야 한다. 중앙정부, 지자체의 개발계획, 재건축, 재개발 정보나 주변 개발 정보를 분석해야 한다.

🔍 토지의 필수 점검 사항

토지는 용도지구, 용도구역과 건폐율과 용적률이 토지의 경제적 효율성에 기준이 되므로 건축법, 시행령을 통해 확인해야 한다. 그 외 사용 용도에 따라서 다른 법률에 따른 제한 사항인 군사시설, 상수원보호구역에 따른 저촉 여부, 특별법에 따른 제한이 있을 수 있으므로 해당 관서에 반드시 확인해야 한다.

🔍 수익이 되는 물건

임야 자체에서 수목원, 체험장, 농림어업인 주택, 특용 작물, 수목, 임산물의 채취 등에 수익을 창출하려는 경우 가격이 저렴한 공익용산지가 경제적이다.

대지권이 없는 APT나 구분 상가는 취득할 시 대지 가격을 제외하고 싼 가격으로 취득하여 임대사업으로 사용하기에 적합하다.

보통의 사람들은 법정지상권이 성립한 토지는 무조건 기피하는

데 도시계획 지역에 속해 있으면 사업자가 점유자까지 보상하여 주므로 그때까지 사용료를 받으면서 미래 수익 가치를 낼 수 있다.

규제 지역의 모텔이나 공장 취득은 이 지역의 영업권 승계를 받을 시 수익성에 있어 대박이 될 수 있는 물건이다.

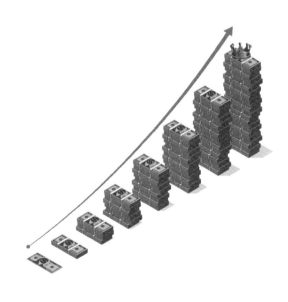

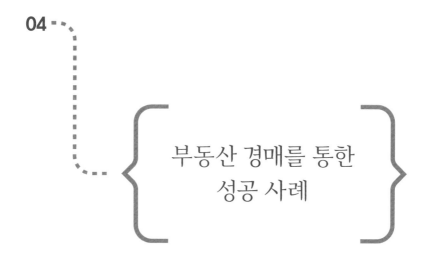

04

부동산 경매를 통한
성공 사례

✎ 경매의 성공 사례를 통해 해결의 실마리를
찾았다는 독자들의 의견을 종종 듣는다. 소개할 사례가 시원하게
독자들의 가려운 부분을 긁어줄 수 있는 기회가 되길 바란다. 그
럼에도 불구하고 해결되지 않는 문제들은 전문가들과 상담하기
바란다.

첫 번째 희귀 돌과 옛 절구 등에 매장물이 묻힌 토지를 경매로
낙찰받아 토지대금 이상의 수익을 올린 사례.

안성지역 3,306m²(1,000평) 토지로 그리 넓지 않은 임야이다.
고압선이 지나는 바로 아래 부분의 토지인 선하지였다. 3차까지
유찰되어 절반가량 떨어질 것으로 판단하고 있었다. 그런데 의외

로 첫 기일에 낙찰되었다.

경락인은 현장조사 과정에 토지주가 토속적인 전원주택을 지으려고 각 지역에서 모아놓은 맷돌과 망부석이 상당수 매립된 사실을 발견하고 첫 입찰에 감정가액 낙찰을 받았다. 매장된 석제품은 토지에 부합된다는 사실과 채무자에게 발송 송달로 진행되는 상황이어서 중간에 채무자가 나타나서 소유권을 주장할 가능성이 적다고 본 것이다.

매장된 석재품은 문화재가 아니라서 토지의 부합물로 처리되었고, 경락인은 토지 가격을 능가하는 수익을 올렸다.

두 번째, 토지 수용 예상 지역에 보상을 위한 저비용의 건축물을 신축하여 수익을 올린 사례.

평택지역 미군 주둔기지 계획으로 신도시 계획이 발표될 당시 토지 수용 예상 지역에 매매가 아닌 보상용으로 투자하여 다세대주택을 일반 건축비 1/2 정도 날림 공사로 신축하고, 실제 보상이 시행되면 현 시세 신축 비용대로 받을 수 있다는 점을 이용하여 수익을 올린 비양심적인 사례이다.

이와 같은 비양심적 사례는 지양해야 하며, 비양심적 사례에 이용되지 않도록 알아두자.

세 번째, 맹지 토지에 구거 점용허가로 건축할 수 있음을 확인하고 임야를 취득한 사례.

평택시 경문대학교 인근의 임야 39,670m²(12,000평)가 매각 대
상인데, 경사도가 높아 중심부를 기준으로 위쪽 19,835m²(6,000
평)는 쓸모가 없었고, 중심부 기준 아래쪽 19,835m²(6,000평)은
개발할 수 있었다. 도로가 접하지 않은 맹지라 4차까지 유찰되어
감정가 대비 40%까지 떨어져 있었다.

현황 점검 결과 이 토지 옆으로 구거(국유지)인 하천 부지가 있
어 점용허가가 가능했다. 감정가도 낮을 수밖에 없는 토지였다. 경
사도가 높아 절반은 쓸 수 없고 도로가 없으니 그야말로 버려진
죽은 땅이라 할 수 있었다. 여러 차례 유찰되어 아주 낮은 가격에
매입하고, 다세대주택을 건축해 높은 수익을 올린 사례이다. 필자
의 전문 분야가 이 사례에 속한다.

네 번째, 죽은 상가를 임차인들과 사전 협의 후 낙찰받아 활성
화한 사례.

관리 소홀로 죽은 상가로 임차인들이 보증금과 리모델링 비용을
손해 볼 수밖에 없는 상태였다. 낙찰 전에 임차인들과 협의하여
재계약 약정 후 낙찰 받았다. 받은 보증금으로 리모델링을 진행하
였다. 임차인들과 협의하여 상권을 활성화시키면서 동시에 부동산
가치를 높인 성공적인 사례이다.

여러 차례 유찰되어 임차인들은 보증금과 시설비 등을 잃을 수밖에 없는 상황에서 사전 계약 약정을 진행하고 낮은 가격에 매입하여 보증금도 보장되었다. 사전에 시장조사를 철저히 하고 임차인들과 원만한 협의 후에 매입한 것은 미래 시장성을 살필 수 있었기에 가능했다.

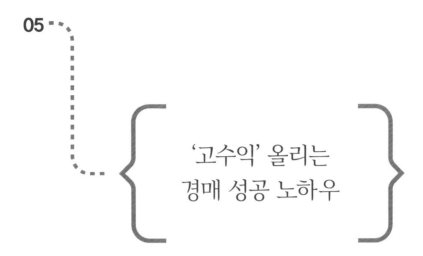

05

'고수익' 올리는 경매 성공 노하우

✎ 경매 관련 성공 사례를 통하여 다양한 부동산 분야에 대해 독자들의 식견이 넓어지기를 바란다.

첫 번째, 집합건물의 구분건물에 해당하는 토지만 경매에서 잘못 말소된 전유부분에 대한 소유자의 대지권을 찾아 주어 상당한 이익을 준 사례.

대지권 등기 없이 건물만 보전 등기된 후 토지에 대해서 가등기가 경료되었다. 대지권이 등기되었으나 가등기가 본 등기되어 대지권이 직권말소 된 후 토지 지분만 강제 경매로 신청되어 낙찰되었다. 경매 신청권자 등이 1억 원가량 금액을 요구하여 협상이 결렬되었다.

같은 동의 다른 구분건물이 모두 대지권 등기된 것으로 보아 분리처분 규약이 없을 가능성이 클 것으로 판단되었다. 이를 확인한 결과 분리처분 규약이 없었고, 대지권이 등기되었다가 가등기의 본등기 실행으로 말소되었으나 토지에 대한 가등기에는 구분건물이 성립되었다.

대지권과 전유부분 처분의 일체성이 생긴 이후의 등기여서 가등기와 이를 기초로 한 등기관의 대지권 말소가 무효임을 밝혀내어 매각 허가에 대한 이의와 항고 절차를 거쳐 경매를 기각시키고 대지권을 회복하였고, 의뢰인은 상당한 수익을 챙긴 사례이다.

두 번째, 입찰 전 원룸 대표자와 사전 협의 후 매수하여 부동산 인도를 쉽게 한 사례.

안성시 중앙대학교 인근 원룸이 경매로 나왔다. 룸은 20개이지만 전입된 주민등록상 입주자가 30여 명으로 점유관계 확인이 어려웠다. 일부는 전입이 상당히 빨라서 보증금의 인수 문제를 확인하기가 어려워 경매가 4회나 유찰된 상태였다.

매수인은 입찰 전 현장을 방문하여 입주자 대표인 학생을 만나서 입주한 학생들에 대하여 권리 신고와 배당 요구를 대신 신청하여 보증금을 받도록 도와주었다. 낙찰을 받게 되면 운송 수단을 제공하여 배당을 받지 못하는 학생들의 이사를 돕기도 하면서 협조를 약속받은 후 낙찰을 받아 상당한 임대 수익을 얻은 사례이다.

세 번째, 모텔을 다세대주택으로 용도를 변경하고, 리모델링하여 이익을 얻은 사례.

수원시 인계동 인근 이면도로에 접한 모텔이 영업이 안 되어 사실상 폐업 상태였다. 현장 주위를 시장조사해 보았다. 모텔이 건축될 당시에는 인근에 주택이 없었는데 최근에는 다세대, 연립주택이 대량으로 건축되었다. 주거 밀집 지역으로 주변이 변하자 모텔 영업이 아주 불리한 상황이 된 것이다.

리모델링 전문 건축사를 대동하여 주위 요건에 맞게 다세대주택으로 용도를 변경하고 리모델링 문제를 검토하였다. 인근 공인중개사무소를 방문하여 다세대주택의 매매가격과 임대관계를 확인했다.

용도변경이 어렵지 않았고, 경제성 있음을 확인하고 낮은 가격에 낙찰을 받았다. 다세대주택으로 건축하자 전세보증금으로 리모델링 비용을 충당하고도 잔여분이 남아서 일부를 임대하여 상당한 수익을 올렸다.

{
경매 과정에
주택임대차보호법
점검 사항
}

🔍 주택임대차보호법에서 최우선변제권

임차인을 보호하기 위하여 민사특별법 및 주택임대차보호법에 의해 법이 규정되어 있다. 대항력인 주택의 인도 및 전입신고를 갖추었을 경우 일정 금액에 대하여 선순위 담보물권자나 다른 권리자보다 우선하여 변제받을 수 있다.

기준 시점은 담보물건인 저당권, 근저당권, 가등기 담보권의 설정 일자가 기준일이 된다.

배당 요구 종기일까지 배당 요구를 하여야 하며 경매개시 결정의 등기 전에 대항력을 갖추고 유지되어야 하고, 주택 가액의 1/2에 해당하는 금액까지만 우선변제 받을 수 있다.

🔍 주택임대차보호법 관련 위험 요소

배당 요구를 하지 않은 최선순위 임차인이 주택임대차보호법 제2조의 보호를 받는 임차인인지 확실하지 않은 경우가 있다. 최선순위 임차인이 확정일자를 받지 않았거나, 늦게 받았거나, 배당액이 모자라거나, 채무자와 공모하여 일부러 배당 요구를 하지 않으면 매수인의 부담이 된다.

세대원 전부가 일시라도 전거된 경우에는 대항력 등을 상실할수 있거나, 후순위로 밀릴 수도 있는데 전 세대원의 초본을 살펴보지 않으면 현실적으로 알 수 있는 방법은 없다.

🔍 주택임대차보호법 제3조 대항력 등

주택임대차보호법상의 대항력을 행사하기 위해서는 주택의 인도및 주민등록은 계속 존속하고 있어야 한다.

동거 가족의 주민등록이 합가 되거나 남아있는 사실을 모르고세대주만을 기준으로 확인한 판례로, 임차인이 가족과 함께 그 주택에 점유를 계속하고 있으면서 그 가족의 주민등록은 그대로 둔채 임차인만 주민등록을 일시 다른 곳으로 옮긴 경우라면 대항력은 상실되지 않는다.

주민등록이 불법으로 직권 말소된 후 주민등록 제21조에 의한이의 절차를 밟아서 제22조에 의한 재등록을 하여 대항력이 살아

난 경우에는 대항력이 인정된다.

다른 용도의 건물이 주택으로 용도변경된 경우 소유자의 동의를 받지 않았으면 보호받지 못한다.

🔍 제3자로 인하여 주민등록이 이전된 경우

주민등록이 주택 임차인의 의사에 의하지 않고 제3자에 의하여 임의로 이전되었고 그와 같이 주민등록이 잘못 이전된 데 대하여 주택 임차인에게 책임을 물을 만한 사유도 없는 경우, 주택 임차인이 이미 취득한 대항력은 주민등록의 이전에도 불구하고 그대로 유지된다.

🔍 주택임대차보호법 관련 위험 부담

임대차 보증금을 인수하는 경우 배당받지 못한 임대차 보증금을 부담하여야 한다.

임대차 기간의 연장에 있어 임차인이 임대차 계약의 해지를 원하지 않을 때는 잔여 임대차 기간 동안 매수 부동산을 인도받을 수 없다.

주택임대차보호법 제2조의 주택은 주거용 건물(주택)의 전부 또는 일부의 임대차에 관하여 적용한다. 그 임차(임대) 주택의 일부가 주거 외의 목적으로 사용되는 경우에도 또한 같다고 규정되어 있다. 구체적으로 판례를 통하여 규정되어 있으며, 주택으로의 인정 여부에 대하여 공부상의 용도와 상관없이 실제로 주거 용도로 사용하는가를 기준으로 판단하고 있다.

그러나 임대인의 용도변경 승낙 없이 주거로 개조한 경우, 본래의 영업 목적인 공장, 모텔, 점포 등에 전입신고가 되어 있더라도 부수적인 거주라고 보일 때에는 주거로 인정하지 않는 판결도 있음을 주의해야 한다.

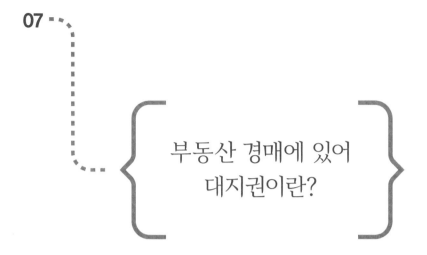

07

{ 부동산 경매에 있어
대지권이란? }

✎ 대지사용권이란 집합건물법에 규정되어 구분 소유자가 전유부분을 소유하기 위하여 대지에 대해 가지는 권리이다. 건물의 대지에는 건물의 평면도에 해당하는 법정 대지와 토지 소유자가 건물의 대지로 하고자 하는 약정 대지가 있다.

🔍 **대지권 미취득의 위험 요소**

대지권의 권원인 소유권, 임차권, 지상권, 전세권의 미취득 경우이다.

대지사용권이 될 수 있는 권리로서는 위 권리 외에 구분건물의 분양권에 대지가 포함된 매매 계약도 있다. 분리처분 규약의 존재에 있어 최초의 단일 소유자나 관리단은 분리처분 규약을 공증하거나 규약으로 정할 수 있다.

별도 등기(가압류) 권리자의 집행권원 취득 후 경매 실행으로 인한 대지권 상실 가능성 별도 등기인 가압류가 인수조건부로 매각 절차가 진행된 경우에는 가압류권자가 나중에 집행권원을 얻어 경매 신청을 하면 소유권을 상실할 수 있다.

전유부분에 대지권의 누락은 주로 조합이나 분양 회사가 사무실로 쓰려고 처음부터 대지권을 주지 않는 경우가 가끔 있다. 집합건물 개제 작업 당시 소유 지분이 없어서 대지권 지분을 주지 못한 경우가 있다. 법원에서 직권으로 대지권을 부여하는 등기부 개제 작업 당시 전유부분에 대한 토지 지분을 확인하지 못하는 이유로 일부 전유부분에 대지권을 등기하지 못한 경우도 발견되었다.

🔍 대지권 미취득으로 인한 매수인의 위험 부담

대지권이 없는 미등기 전유부분의 취득과 추가 부담에 있어 나중에라도 대지사용권이 없는 것이 발견되면 매각대금에 포함되었어도 토지소유자에게 추가 대금이나 임대료 상당의 사용료를 지급할 가능성이 있다.

구분건물 소유권 상실의 위험은 집합건물법 제7조에 의한 건물 전유부분의 대지 지분권자의 매도청구가 있는 경우 구분건물의 소유권을 상실할 수도 있다. 그러나 시가로 보상해야 하므로 매도청구 실무 사례는 발견되지 않고 있다.

분양 대금 미납금의 부담에 있어 미등기 대지권을 포함하여 일괄 매각하는 경우 분양 대금 미납이 있는 경우에는 대지권 등기 청구 시 토지소유자가 동시이행항변권을 행사할 수 있다.

Q 대지권이 미등기일 때 대지권을 취득하는 경우

대지권은 대지권 등기 여부와 상관없이 구분건물이 성립된 때에 대지권이 성립한다.

Q 대지권을 취득하지 못하는 경우

분양 계약과 분리처분 가능 규약이 모두 있는 경우, 매수인은 대지권이 없는 건물을 매수하였지만 대지가 분리처분되면 관습상의 법정지상권이 성립되는 경우이다. 분양자가 토지사용승낙만을 받고 건축을 하였으나 토지에 대한 소유권, 임차권, 지상권, 전세권을 취득하지 못한 경우 대지권 취득이 불가하다.

종래 소유자였던 조합원이 재건축 조합 대지에 대한 지분 소유권을 신탁한 상황에서 수분양자의 재건축 조합에 대한 대지 소유권이전등기 청구권이 가압류된 경우 대지권 취득이 불가능하다. 이유는 대지에 대한 소유권은 재건축 조합에 있고, 재건축 조합이 신축한 건물의 소유권은 조합원 개인이 원시취득하기 때문이다.

🔍 대지권 성립의 효과

집합건물에서 구분소유자의 대지사용권은 규약으로써 달리 정하는 특별한 사정이 없으면 전유부분과 종속적 일체 불가분성이 인정되어 전유부분에 대한 경매개시 결정과 압류의 효력은 종물 또는 종된 권리인 대지사용권에도 미친다.

대지권이 등기되면 그 이후의 등기 변동 사항은 건물 등기부에만 기재되고, 공용 부분에 대한 소유권은 별도의 등기 없이 전유부분의 처분에 따른다.

다만 집합건물의 처분 일체성은 성질상 분리처분이 허용되는 경우, 규약이나 공정증서에 의한 배제의 예외성이 인정된다.

🔍 대지권 미등기 건물에 대한 입찰 참가 요령

법원의 조사로 대지권이 아예 미등기일 때 가격이 일정 가격 이하로 저감되면 입찰에 참여하여도 된다. 이유는 전유부분의 대지 소유자가 전유부분만에 대하여 대지권 취득이 누락된 경우 집합건물법 제7조의 매도청구권을 행사하기 위해서는 시가로 보상해야 하므로 경매로 전유부분만을 취득한 매수인에게는 손해가 없다.

조합의 공동 경비를 위하여 남겨둔 집합건물의 경우 아예 대지권이 없는 사례도 있다. 이 경우는 규약에 따라 이 부분을 제외하고 대지권을 약정한 경우이다. 감정평가가 되어있지 않은 경우라도 최저 입찰가가 아주 저렴하다면 입찰을 검토해도 된다. 즉, 대지사용료를 지불하는 비용 이상으로 최저매각가격이 저감된 경우라면 굳이 입찰을 기피할 이유가 없는 것이다.

또한, 토지소유자도 토지의 사용이 제한되기 때문에 시가보다 저렴한 가격으로 매도할 것을 희망할 수 있으므로 그때는 그 토지의 지분을 매수해도 된다.

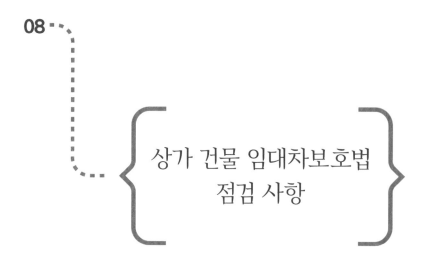

08

상가 건물 임대차보호법
점검 사항

✎ 상가 건물 임대차보호법은 사회적 약자인 임차인을 보호하기 위한 법이다. 상가 건물 임대차에 관하여 「민법」에 대한 특례를 규정하여 국민의 경제생활의 안정을 보장하는 것이 목적이다.

🔍 상가 건물 임대차보호법 관련 위험 요소

한 건물에 상가 건물 임대차보호법의 보호 대상과 주택임대차보호법의 보호 대상에 보호받지 못하는 임차인이 섞여있고, 사업자등록과 주민등록을 모두 신고한 경우 어떤 보호 대상인지 판단이 어렵다.

권리금 보호 규정과 관련하여 임대차 기간이 남은 경우 최우선

상가 임차인이 배당 요구를 하지 않는 경우도 있다.

🔍 상가 건물 임대차보호법 관련 위험 부담

- 임대차보증금의 부담: 최선순위 임차인의 임대차 보증금 반환 채무를 인수하게 된다.
- 임대차 기간의 연장: 임차인이 임대차 계약의 해지를 원하지 않을 경우에는 잔여 임대차 기간 동안 매수 부동산을 인도받을 수 없다.
- 부속물 매수청구권과 권리금 관련 의무 승계 부담: 임차권이 소멸하지 않으므로 임차인의 부속물 매수청구권과 최선순위 임차인의 권리금 관련 의무도 승계하게 된다.

🔍 상가 건물 임대차보호법 제2조의 상가에 대한 판례

상가 건물에 해당하는지는 공부상 표시가 아닌 건물의 현황·용도에 비추어 영업용으로 사용하느냐에 따라 실질적으로 판단해야 한다.

단순히 상품의 보관·제조·가공의 사실 행위만이 이루어지는 공장·창고는 영업용으로 사용하는 경우라고 할 수 없으나, 그곳에서 그러한 사실 행위와 더불어 영리 목적의 활동이 함께 이루어진다면 상가 건물 임대차보호법 적용 대상인 상가 건물에 해당한다.

건물의 전부 또는 일부의 실질적인 용도가 상가 건물로 사용되면 이 법이 적용되는 상가로 인정되나, 임대인의 용도변경 허가를 받지 않았거나, 도면을 첨부하지 않았거나, 도면과 일치하지 않은 경우에는 이 법이 적용되지 않는다.

🔍 고액 임차인이 보호받지 못하는 경우

상가 임대차보호법의 개정으로 위법 시행령 제2조에 정한 일정액 이상의 보증금의 상가 임차인, 고액 임차인도 일부 적용을 받는데 이는 계약갱신요구권, 대항력, 권리금 보호 조항과 3기 차임 연체시 해지 계약기간, 보증금, 차임의 기존 임대차 권리에 대한 승계가 적용된다.

묵시적 갱신에서 조항 제10조 4~5항의 임차인의 계약해지 효력 발생 기간에 우선변제권은 부여되지 않는다. 따라서 최우선순위가 아니면 대항력으로 보호받을 수 없고, 배당요구권도 없어서 전세권이나 임차권 등기가 필요하다.

권리금에 관한 규정은 유통산업발전법 제2조의 대규모 점포 등은 제외된다.

🔍 사업자등록의 효력발생 시기

주택임대차보호법에서는 주민등록이 공시 방법이지만, 상가 임대차보호법에서는 사업자등록의 효력발생이 대항력의 요건이다.

사업자등록의 효력발생 시기는 대항력을 상가 건물 임대차보호법 제3조 제1항이 규정하고 있는 바에 따라 신청일 다음날부터 효력이 발생한다. 사업개시일 이전에 등록 신청하는 경우 폐업 신고 후 다시 사업자등록을 신청한 경우도 같다.

사업을 폐지하였으나 사업자등록을 말소하지 아니한 경우는 이미 사업자의 지위를 상실했다 할 것이므로, 사업자등록이 형식적으로 존속한다 하더라도 대항력을 인정할 수 없다. 이 경우 임차인이 상가 건물 임대차보호법상의 대의 명의로 사업자등록을 해야 한다.

🔍 사업자등록의 적법 여부 판단 기준

건물을 임차하고 사업자등록을 신청한 경우에도 제3자인 이해관계인이 상가 건물 임대차보호법 제4조에 의거 사업자등록 사항을 열람하여 당해 건물에 상가 건물 임대차보호법이 정한 대항력을 갖춘 임차인이 있음을 알 수 없는 경우는 공시 방법을 제대로 갖추지 못한 것이 되므로 대항력을 취득할 수 없다.

임대차계약서의 지번이 일치하지 않는 경우나 사업자 등록인과 임차인이 동일인이 아닌 경우에는 대항력을 인정할 수 없다.

상가 건물 임대차보호법은 계약기간이 만료되었어도 보증금을 반환 받지 못할 경우, 「상가 건물 임대차보호법」 제2조 제1항 및 「상가 건물 임대차보호법 시행령」 제2조 제1항 지역별 보증금의 범위 안에서 확정일자 기준으로 우선변제권이 있으며, 상가 건물이 매매 또는 경매가 되더라도 제3자에 대하여 임차인의 권리를 행사할 수 있는 대항력이 생긴다.

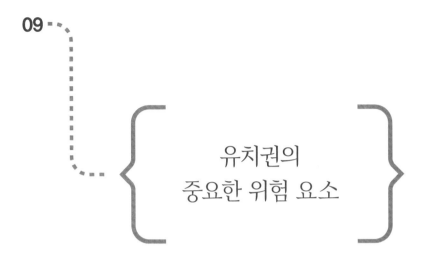

09

유치권의
중요한 위험 요소

✎ 유치권의 정의 및 위험 요인 등 경매 시 특히 주의해야 할 점을 정리했다.

🔍 유치권이란?

채권이 목적 부동산 자체로부터 발생한 경우에 한하여 채권자가 채무자로부터 채권을 변제받지 못할 때 채무자 또는 부동산의 소유자가 그 승계인(상속의 포괄 승계인, 매매, 경매의 특정 승계인 불문)에게 채권을 변제받을 때까지 목적 동산을 점유(인도를 거절)할 수 있는 권리를 말한다.

🔍 유치권의 위험 요인

불완전한 공시 방법이 유치권의 성립을 불확실하게 한다. 부동산 유치권의 유일한 공시 방법은 점유이다. 그러나 고용인을 통한 간접 점유도 인정되고 있어 때에 따라서는 관리적인 점유도 인정되므로 유치권의 존재를 파악하기는 쉽지 않다.

실무상 유치권을 주장하는 자가 현장에 현수막을 설치하거나 부동산 경매 절차에서 유치권을 신고한다고 유치권의 존재가 인정되는 것은 아니다. 유치권의 성립과 유지 요건을 파악하는 것이 어렵다.

🔍 유치권이 목적물 결연 관계에 있는 채권인지 인정 여부

불법으로 점유가 이루어진 것이 아니면 간접 점유라도 유치권이 인정된다. 그러나 유치권자가 경매개시 결정 기입 전에 점유하지 않았으면 경락인에게 대항할 수 없다.

🔍 변제 금액과 변제기 문제점

채권자가 받을 금액과 변제기를 파악하는 것이 어렵다. 변제기에 대한 약정이 없으면 채권자의 점유 즉시 유치권은 성립하나 조건 미비로 변제기에 이르지 아니한 채권은 유치권이 성립할 수 없다.

주의할 것은 건축업자가 공사비 일부를 받지 않고 건축물을 소유자에게 인도하면서 변제기를 나중에 정한 경우에는 채무자가 가압류나 강제 경매 신청, 채권 변제의 최고를 받으면 '기한의 이익을 상실한다'라는 약정이 있을 수 있고 이 경우에는 위 조건이 발생하면 즉시 변제기가 도래한다.

🔍 유치권의 위험 부담

유치권의 법적 특성으로 인해 부동산 매수인은 추가 부담이나 사용 제한의 위험을 감수해야 하는데 특히 추가 부담에 대해서는 유치권의 불가분성으로 인한 많은 추가 부담으로 매수한 부동산의 사용을 포기하는 경우가 자주 발생한다. 유치권의 불가분성은 특히 집합건물에서 경매 지연의 큰 원인이 된다.

🔍 유치권의 불가분성에 대해 특히 주의할 점

민법 제321조에 의한 유치권의 불가분성이 구분건물에도 영향을 미친다는 판결 이후 구분건물을 개별적으로 매수하는 매수인의 입장에서는 일단 유치권 전체에 대한 부담 중 수백 개의 구분건물이 경매에 나왔을 때 대개의 경우는 개별 구분건물의 가격에 비해 유치권으로 담보되는 부담이 크기 때문에 입찰에 소극적이어서 경매 절차가 지연되고 최저매각가격이 감소하여 채권자나 채무자 모두 손해를 입게 된다.

유치권의 불가분성은 구분건물의 개념이 생기기 전에 제정되어 집합건물의 특성이 검토되지 않고 제정된 법 조항이므로, 구분건물의 경우에는 전유 면적 비율에 따른 부담의 분할이 가능하거나 해당 구분건물에 대하여 따로 유익비 부담이 결정되도록 하는 입법적 배려가 있어야 한다고 본다.

🔍 유치권자의 경매 신청에 의한 소유권 상실

유치권자는 부동산에 대해 경매 신청으로 채권을 변제 받을 수 있다. 따라서 유치권이 성립한 부동산을 취득한 경우 매수인과 타협이 이루어지지 않으면 유치권자 스스로 유치권에 의한 경매 신청을 진행해 유치권자 본인의 채권을 회수할 수도 있어서 부동산 경매에서 유치권의 불가분성의 문제와 함께 가장 큰 위험으로 지적되고 있다.

이 경우 매수인은 유치권에 대한 담보를 제공하고 소송 절차에서 확정된 유치권자의 채권을 변제함으로써 그 위험에서 벗어날 수 있으나 그 부담이 클 수도 있다.

10

농지 경매 및 농지취득자격증명의 중요성

🖋 농지를 경매로 낙찰 받고자 할 때 미리 검토해야 할 것은 농지취득자격증명의 취득 여부이다. 점검해야 할 사항과 위험 부담에 대하여 알아본다.

🔍 농지취득자격증명이란?

법적 농지 개념은 농지법에서의 지목이 전·답·과수원이며 농지라는 방식을 지목주의가 아닌 현황주의를 택하고 있으나, 부동산 경매 실무는 오히려 지목주의에 가깝다. 지목이 농지가 아닌 경우에 현황이 농지로 조사된 경우 농지취득자격증명을 요구하는 법원의 경매 사례는 발견되지 않고 있다.

🔍 농지 개념을 명확히 해야 하는 이유

첫 번째, 농지 여부는 농지취득자격증명의 발급, 농지 소유권이전의 선결 문제이다. 두 번째, 농업인이 아니거나 농업법인이 아니면 원칙적으로 농지를 취득할 자격이 없다.

세 번째, 농지전용 등 규제 법령에 의한 부담은 농지법 위반의 형벌 결정의 기준이다.

🔍 농지취득자격증명 미취득의 위험 요소

경작의 목적으로 사용하지 않는 농지도 그 변경 상태가 일시적으로 원상회복이 용이하게 이루어질 수 있다면 농지취득자격증명이 필요한 농지로 본다.

토지이용계획확인서에 도시지역 내의 전·답·과수원으로 해당 지역이 주거지역, 상업지역, 공업지역으로 지정된 경우 농지취득자격증명이 필요 없다. 공부상 지목이 농지이더라도 양도일 현재 토지소유자의 자의든 타의든 실제로 농경지로 사용되지 않고 일시적으로 휴경 상태에 있는 것이 아닌 한 양도일 현재 농지라고 볼 수 없다.

농지는 농업인 또는 농업법인이 아니면 원칙적으로 농지를 취득할 수 없다. 다만, 농업 실습 등 공공의 목적 또는 농림부장관의 승인을 받은 경우는 가능하다.

🔍 농지취득자격증명 발급 기관의 부당한 반려 사례

농지취득자격증명을 발급하는 부서는 농림축산부 예전 규정에 따라 농지 일부에 무허가 건물이 있거나 기계공작, 공장으로 이용되고 있거나 해당 농지의 일부에 묘지가 있다든지 그 형상 변경이 일시적이고 원상회복이 가능한 경우에도 농지취득자격증명을 발급받아야 하는 농지지만 원상회복을 하지 않으면 농지취득자격증명을 발급 받을 수 없다는 이유로 반려하고 있다.

판례는 이와 같은 경우 대부분 매수인의 승소 판결로 농지취득자격증명을 발급받도록 하고 있으나 비용을 고려하여 소송을 포기하는 사례도 적지 않다.

🔍 농지취득자격증명 미취득의 위험 부담인 매각 불허와 보증금 몰수

기간 내에 농지취득자격증명을 법원에 제출하지 못하면 법원은 매각을 불허하고 보증금을 몰수한다. 실무에서는 농지취득 미발급 사유가 적법한지에 대하여 사실조회 신청과 동시에 매각기일 연기 신청을 하고 항고를 할 수 있다.

매수인의 책임으로 기일 내에 농지취득자격증명을 제출하지 못한 경우에도 항고 후 농지취득자격증명을 보완하여 매각 허가를 받은 사례도 발견되었다.

🔍 영농 목적이 아닌 학교에서 농지를 취득한 경우의 조치

학교 법인이 항고 후 실습지로 신청하거나, 매수인이 실수로 기일 내에 농지취득자격증명을 발급받지 못한 경우 항고 후 보완하여 농지취득자격증명을 받은 사례도 발견되므로 무조건 포기하고 보증금을 몰수당하면 안 된다.

🔍 농지취득자격증명이 필요 없는 농지

토지이용계획확인서에 의해 농지가 아니거나 농지취득자격증명의 반려 통지에 의해 농지가 아님이 판명된 경우에는 농지취득자격증명이 필요 없다.

도시계획안의 농지라도 녹지지역 안의 농지 중에는 농지취득자격증명이 필요한 농지가 있으므로 확인이 필요하다. 일시적인 불법 형질변경으로 농지취득자격증명의 발급이 거부된 경우의 대응 방안은 따로 연구할 필요가 있다.

이 경우에는 일단 매각결정 기일의 연기 신청과 동시에 농지취득자격증명이 필요한지 사실조회 신청을 할 필요가 있다.

경매 과정에 사소할 것 같은 문제도 자세히 살펴야 한다. 일반인들은 농지에 대해 깊이 알지 못하기 때문에 경락 후 피해를 보는 경우가 종종 나타나고 있다.

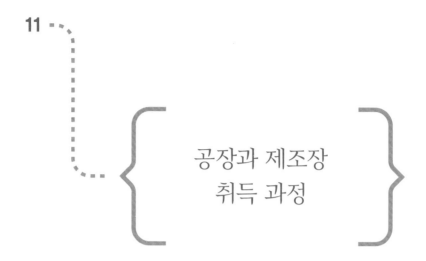

11

{ 공장과 제조장
취득 과정 }

✎ 악화된 경기 상황을 반영이라도 하듯 지역의 산업단지를 중심으로 쌓여있던 임대나 매매 물건이 경매로 넘어가면서 공장의 매각물건도 많이 증가하고 있다.

'공장'이란 반드시 제조 시설에 국한하지 않고 기계적인 도구를 이용하여 상품 및 서비스를 생산 또는 제공하는 설비를 갖춘 시설이라고 할 수 있다.

선례에 의하면 공장이 아닌 예로 수영장, 사우나 건물, 볼링장이나 주차시설, 골프연습장이 있다.

'제조장'은 「산집법(산업집적활성화 및 공장설립에 관한 법률)」과 「수도정비계획법」의 적용을 받지 아니하는 제2종 근린생활시설로써 소규모 가내 공업식의 제조, 조립을 하는 공장을 말한다(제조업소도 같은 의미).

○ 공장 취득의 위험 요소

오염 물질이 매립된 경우로, 오래된 공장에는 환경에 대한 규제가 심하지 않을 때부터 매립되어있는 화학 폐기물이 여러 가지 상황 변화로 노출되는 경우가 많다. 공장의 매수에 공장 저당에 포함된 고가의 기계가 수제품이거나 기계의 내용물이 바뀌어 성능이 달라진 경우까지 일일이 감정하는 것은 사실상 불가능하다.

기계의 내부까지 분해하여 정밀한 평가를 하는 것은 불가능하므로 기계류의 평가는 일반적으로 물가 정보에 고시된 가격을 기준으로 외형을 보고 주관적으로 평가할 수밖에 없는 제한이 있으므로 기계류의 감정가가 크게 차이 나는 경우가 있다.

○ 공장 취득의 위험 부담

형사상 처벌이나 과태료의 위험으로 공장 토지에 매립된 폐기물 등 오염 물질이 표출된 경우 소유자에게 시정명령이 발하여지기도 하고, 함부로 폐기물을 처리하면 형사상 처벌을 받을 위험도 있다.

감정평가에 문제가 있는 기계류를 매수하거나 공장 저당법상의 공장이 아닌 경우 위 구축물을 공장 저당의 목적물로 한 부분은 무효이므로 매수하여도 소유권을 취득할 수 없다.

🔍 공장 저당법상의 공장에 설치된 구축물 등의 문제점

공장 저당법상의 공장이 아닌 경우 구축물을 공장 저당의 목적물로 한 부분은 무효라 할 것이므로 위 건물의 공매로 인한 소유권 변동의 효력이 당연히 이 사건 구축물에도 미친다고 할 수는 없다. 그러나 일반 저당으로서 요건을 갖추었으면 유효하게 성립한다.

그 기계기구가 감정평가되어 매각에 포함되었어도 그에 대한 소유권을 취득할 수 없으므로 기계기구 상당의 손해를 볼 수 있다. 이는 종물이 아닌 제시외 건물이 감정평가되어 매각 목적물에 포함되었다가 소유권을 상실하는 경우와 같은 맥락이다.

공장 취득을 경매로 참여할 시에는 우선 문서 확인을 위하여 등기부등본과 건축물 관리대장을 신청하여 실제 허가된 공장의 코드 번호와 허가 품목을 확인해야 한다. 또한 공장과 제조장 취득은 일반인들이 많이 접하지 않는 큰 규모의 특수 물건이므로 전문가의 조력을 받아 진행하는 것이 좋다.

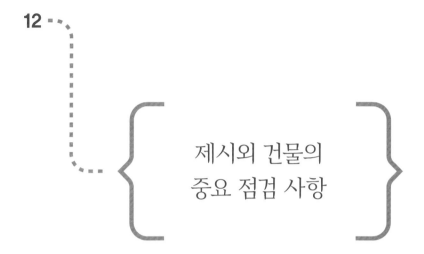

12

제시외 건물의
중요 점검 사항

✎ 제시외 건물이란 법원 경매 대상인 부동산 감정평가서와 물건 목록 내역이 공부상 나타나지 않으나 실제 현장에는 존재하고 있는 건물을 말한다.

등기부등본과 건축물대장에는 등재되어 있지 않으나 현장에 제시외 건물이 존재하고 있는 경우, 법원은 그 부분이 경매 대상물과는 별개이다. 완전히 독립된 물건(타인 소유 등기 건물일 수도 있음)인지, 아니면 부합물이나 종물인지가 파악되면 경매 대상물과 함께 일괄 평가하여 경매를 진행한다.

이때는 매각물건 명세서 '제시외 건물 포함 일괄 입찰'로 표시하고 별개의 독립된 물건으로 판단되면 경매 대상 물건에서 배제하

여 '제시외 건물 매각 제외, 법정지상권 성립 여지 있음'이라고 표
시해준다.

ㅇ 제시외 건물의 위험 요소

보완에 의한 양성화가 가능한지 판단이 어렵다. 제시외 건물이
대부분 위법 건물일 가능성이 크므로 용도와 건폐율, 용적률이
법규에 적합한지를 판단하는 것이 용이하지 않다.

제시외 건물이 종물로 본 건물에 붙어 있는지 부합물로 본 건물
과 떨어져 있는지 판단하는 것이 어렵다. 제시외 건물이 아무리 크
더라도 건축자가 따로 있으면 매각에서 제외된다.

ㅇ 제시외 건물의 위험 부담

제시외 건물이 위법 건물일 경우 그 위반의 형태는 무허가, 무신
고 건축물, 불법수선, 무단 용도변경, 준공 미승인, 건축규정 위반
으로 나타나는데 양성화가 가능하지 않으면 위험 부담을 갖게 된다.

ㅇ 위법 건축물에 대한 조치

시정명령(건축법 제79조), 이행강제금 부과, 과태료 부과, 이행강
제금 계고(건축법 제80조) 및 부과, 고발 조치(건축법 제108조, 제

113조)를 당할 수 있다.

징역과 벌금은 병과할 수 있고 원칙적으로 모든 위반 건축물에 대하여 부과하며 고발 시기는 2차의 시정명령 이후 이행강제금을 부과하는 시점으로부터 가능하다. 불법 용도변경에는 이행강제금 외에 200만 원 이하의 과태료를 부과한다.

🔍 제시외 건물에 대한 소유권 상실

경매 실무는 집행관의 현황조사와 감정인의 평가서를 참고하여 제시외 건물이 종물이나 부합물이라고 판단되면 매각에 포함한다. 위 조건에 부합되지 않는다면 매각에서 제외하고 있다. 그러나 매각에 포함된 제시외 건물의 소유자가 다르거나 종물이나 부합물이 아닌 것으로 확정되면 매수인은 제시외 건물의 소유권을 취득할 수 없어서 제시외 건물의 취득가 상당의 손해를 입게 된다.

🔍 제시외 건물의 매각물건 포함 여부

등기부에 등재되지 않은 제시외 건물이 존재하는 경우에는 소유자가 건축하여 소유하는 것으로 판명되어 경매 신청인이 대위에 의한 보존등기를 하여 일괄 경매 신청을 하거나 그것이 경매 대상 부동산의 종물이거나 부합물임이 명백함이 아닌 경우 입찰 물건에 포함해서는 안 된다.

🔍 제시외 건물이 종물임을 알 수 없는 경우

집행관의 판단에 의하여 제시외 건물의 사용상 필요한 부분을 제외한 나머지 부분의 토지에 대한 인도 집행을 할 수 있으나 사용에 필요한 토지 부분과 면적은 매수인과 채무자가 합의하지 않으면 인도 집행이 불능 처리되는 예도 있다.

🔍 법정지상권 성립의 가능성

매각 외 제시외 건물이 소유자의 소유로 밝혀지고 종물이나 부합물이 아닌 독립 건물인 경우에는 관습법상의 법정지상권 성립의 위험성이 있다.

🔍 철거 비용 등의 부담

제시외 건물이 타인의 소유로 밝혀지면 철거와 인도의 대상이 되므로 소송 비용, 철거 비용이 부담된다.

🔍 인도 집행의 어려움

제시외 건물 부분을 제외한 나머지 토지 부분에 대해 일부 인도가 가능한지, 가능하다면 제시외 건물 사용에 필요한 토지의 부분과 면적을 어떻게 합리적으로 지정할 것인지에 대해 제시외 건물의 사용상 필요한 부분을 제외한 나머지 부분의 토지에 대한 인도 집행을 할 수 있다는 실무 처리 의견도 있으나 반대 의견도 있다.

위에서 본 바와 같이 경매에 있어 제시외 건물은 매우 복잡하므로 중요 부분을 집중적으로 읽고 현장답사를 통해 확인해야 한다.

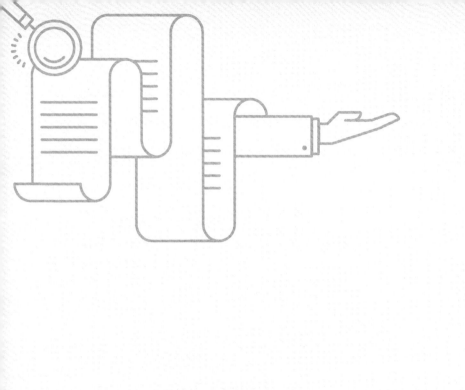

3부

토지 투자 시
반드시 알아야 할 법령

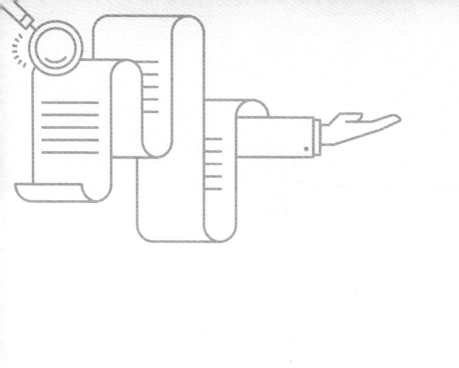

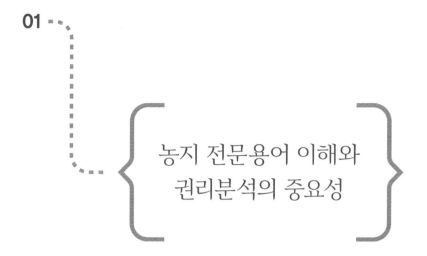

농지 전문용어 이해와 권리분석의 중요성

✎ 토지는 수익이 높은 만큼 권리분석이 중요하다. 농지 투자에 필요한 지식을 깊이 다루려 하니 실질적인 도움이 되길 바란다. 독자들의 의견을 반영하여 농지의 전문용어에 대한 이해와 투자할 때 꼭 알아야 할 부분을 살펴보겠다.

첫 번째, 농지

현장에서 특별한 사항이 없으면 지목을 기준으로 전田, 답畓, 과수원 기타 실제 농작물을 경작하는 다년생식물 재배지로 이해하면 된다.

두 번째, 농업인

농업에 종사하는 개인으로서 다음 중 어느 하나에 해당하는 자를 가리킨다.

1,000m²(300평) 이상의 농지에서 농작물과 다년생식물(유실수)을 경작·재배하거나 1년 중에 90일 이상 농업에 종사하는 자를 말한다. 또한 농지 330m²(100평) 이상의 고정식 온실, 버섯재배사, 비닐하우스 등 농림식품 부령으로 정하는 농업생산에 필요한 시설(설치 면적만 해당)의 농작물과 다년생식물을 경작·재배하는 자가 해당된다.

세 번째, 자경농

농업인이 그 소유 농지에서 농작물 경작과 다년생식물 재배에 있어 상시 종사하거나 농장업의 1/2 이상을 자신의 노동력으로 경작·재배하는 것과 농업법인 소유 농지에서 농작물을 경작하거나 다년생식물을 재배하는 것을 말한다.

네 번째, 농지전용

농지(전, 답, 과수원)나 산지(임林) 전용이란 농작물과 다년생식물을 재배하거나 그 외 농지를 개량하여 다른 용도로 사용하는 것을 가리킨다.

다섯 번째, 농지 소유 상한

농지 소유 상한에 있어 농지법에서는 다음의 경우에 한하여 소유 한도를 정하고 있다. 상속으로 취득한 농지를 농업 경영으로 이용하지 않는 경우에는 그 상속 농지 중에서 1만m²(3,000평)까지만 소유할 수 있다.

또한 8년 이상 농업 경영을 한 후 이농하는 자는 당시 소유 농지 중에서 1만m²(3,000평)까지만 소유할 수 있다. 주말·체험 영농을 하려는 자는 총 1,000m²(300평) 미만의 농지를 소유할 수 있다. 면적 계산은 그 세대원 전부가 소유하는 총면적으로 한다.

여섯 번째, 농지원부

농지의 소유와 이용실태 파악을 위한 것이고 농지를 효율적으로 관리하기 위하여 시·군·읍·면장이 작성하여 관리하는 것을 말한다. 실제 농사를 짓는 농업인을 대상으로 300m²(100평) 이상의 고정식 온실하우스, 1,000m²(300평) 이상의 농지에 농업용 시설 설치, 농작물 또는 다년생식물 경작 시 발급받을 수 있다.

농지원부는 농업인, 농업법인, 준농업법인 별로 작성된다. 농지원부가 2년 이상 경과하고 농지의 소재지나 연접 시·군에 거주하면서 도시지역에 해당하지 않는 농지를 취득할 때는 전체 보유 농지의 3만m²(9,000평)가 넘지 않는 범위 내에서 취득세와 등록세를 50% 감면받을 수 있다.

일곱 번째, 농지원부의 발급 과정

농업인의 주소지(농업법인 및 준농업법인은 주 사무소 소재지)의 관할하는 시·군·읍·면에 의뢰하며, 농업인이 소유, 임차하고 있는 모든 농지를 포함하여 작성한다.

의뢰를 받은 토지 소재지 산업팀 산업계에서 담당 이장 등과 실사를 거친 후 발급하며 신청 과정에 구비 서류는 토지대장과 신분증 확인으로 간단하다.

여덟 번째, 농지를 경매로 받을 경우

농지를 낙찰 받으면 법원 발급 최고가 매수인 증명 및 농업경영계획서(농업법인은 농지취득 인정서)를 작성하여 해당 농지 소재지 시·군·읍·면에 제출하여 농지취득자격증명을 신청해야 한다.

농지를 낙찰 받았으나 농지취득자격증명을 발급받지 못할 경우에는 입찰보증금 몰수 위험이 있으니 사전에 해당 농지 소재지 관할 관청을 방문하여 가능 여부를 확인해야 한다.

아홉 번째, 농지취득자격증명에 관하여

농지는 자신의 농업 경영에 이용하거나 이용할 자가 아니면 소유를 금하고 있다. 따라서 농지는 임대 목적으로는 취득할 수 없으며 취득할 때는 자격 여부를 심사 받게 된다.

경매나 매매 과정에 농지가 불법으로 전용된 경우 항상 문제가 되고 있다. 농지취득자격증명 발급 대상 농지는 소유권이전등기를 신청할 때 농지취득자격증명을 첨부해야 하므로 불법 전용된 농지는 농지취득자격증명이 발급되지 않는다. 특히 경매에 있어 사전에 불법 전용 여부 확인이 꼭 필요하다. 참고로 임야는 농지취득자격증명이 필요 없다.

열 번째, 농지취득자격증명이 필요치 않은 농지

상속에 의하여 농지를 취득하는 경우와 농지 저당권자가 그 담보로 농지를 취득하는 경우 도시지역 안에 주거지역, 상업지역, 공업지역, 농지에 해당 토지의 용도지역이 주거지역, 상업지역, 공업지역으로 표기된 토지는 농지일지라도 취득할 경우에 농지취득자격증명을 필요로 하지 않는다.

도시계획시설 예정지로 지정 또는 결정된 농지, 도시지역 안의 녹지지역 및 개발제한구역 안의 농지에 대해 개발행위허가를 받거나 토지 형질변경 허가를 받은 농지는 제외된다.

열한 번째, 농지원부와 양도소득세 혜택

농지원부 소유자가 농지 소재지 및 연접 시·군·읍·면에 거주하면서 8년 이상 자경하면 양도소득세의 양도차익 최대 3억 원까지 감면받을 수 있으며, 농지원부 등록 후 2년 경과 후 추가로 농지를 매입할 경우 취득세, 등록세 50% 감면받을 수 있다.

열두 번째, 농지취득자격증명 발급 대상

농업인과 농업인이 되고자 하는 농업법인, 주말 체험 영농을 하고자 하는 농업인이 아닌 개인, 농업 전용 허가를 받거나 농지전용 신고를 한 자 등이다.

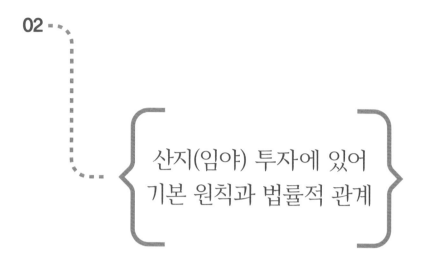

02

산지(임야) 투자에 있어
기본 원칙과 법률적 관계

✎ 산지의 법률적 정의는 현장에서 특별한 사항
이 없으면 지목을 기준으로 불법 전용되지 않은 임야를 산지라고
한다.

첫 번째, 산지(임야)

임목林木, 죽竹이 집단적으로 생육하고 있는 토지나 생육에 사용
하게 된 토지이다. 임도, 작업로, 등산길을 말하며 앞에 열거한 토
지 안에 있는 암석지 및 소택지이다.

두 번째, 산지에서 제외되는 토지(「산지관리법」 제2조 제1호)

· 과수원, 차밭, 꺾꽂이 순과 접순의 채취원

- 임목 죽이 생육하고 있는 건물 담장 안에 토지
- 임목 죽이 생육하고 있는 논두렁, 밭두렁
- 임목 죽이 생육하고 있는 토지로서 하천법 제1조 제1호에 따른 하천
- 죽이 생육하고 있는 토지로서 측량, 수로 조사 및 지적에 관한 법률 제67조에 따른 제방, 구거 및 유지를 가리킨다.

세 번째, 산지의 전용

산지를 조림, 육림 및 토석 등 임산물 채취, 산지 임시사용 용도 외로 전용이 가능한 다른 목적으로 농업용(농지, 초지), 비농업용(택지, 공장, 광업, 도로, 골프장, 스키장, 묘지) 산지전용을 하려면 그 용도를 정해 산림청장, 관할 관청 허가를 받아야 하며, 변경 또한 허가를 받아야 한다.

네 번째, 산지의 구분

산지는 크게 보전산지와 준보전산지로 구분하여 토지이용계획확인서에서 판단한다. 산지는 보전산지, 준보전산지로 명확히 구분하여 표시하고 있으며 보전산지는 공익용 또는 임업용이라고 구체적으로 표시되고 있다.

다섯 번째, 준보전산지의 개발

준보전산지는 보전산지 외에 산지를 가리킨다. 산지란 아무런 표시가 없거나 준보전산지라고 명확히 표시되어 있는 경우이다. 용도지역을 기준으로 어떤 건축물로 개발할 수 있을 것인가를 판단한다. 즉 토지의 용도지역이 계획관리지역 또는 생산관리지역으로 표시되어 있으면 해당 용도지역에서 허용되는 건폐율, 용적률로 건축할 수 있는 건축물에는 주택, 제조장, 창고를 적용하여 토지를 개발할 수 있다.

여섯 번째, 보전산지의 산지전용

산지를 계획적인 보전과 이용을 하고자 할 경우 일정한 행위제한과 함께 산지전용허가 기준을 적용해 보전산지인 임업용산지와 공익용산지를 개발할 경우 허용 행위를 제한하고 있으며 산지 이용에 따른 산지전용허가, 산지전용신고, 토석채취 허가를 받아야 한다.

일곱 번째, 산지전용의 일시사용제한지역에서 할 수 있는 행위

산지전용의 일시사용제한지역으로 지정된 산지에서는 산지관리법 제10조 제1항 및 시행령 제10조에 의해 다음과 같이 극히 제한적인 행위만을 할 수 있다.

신재생에너지의 이용 보급을 위한 시설의 설치 정도를 빼고는 사업성 있는 행위를 전혀 할 수가 없다. 따라서 특별하지 않은 한

산지전용 일시사용제한지역 토지는 투자나 개발 가능성이 매우
낮다.

- 국방·군사시설의 설치
- 사방시설, 하천, 제방, 저수지, 그 밖에 이에 준하는 국토보전시설의 설치
- 도로, 철도, 석유 및 가스공급시설, 그 밖에 대통령령이 정하는 공용, 공공용 시설의 설치
- 국가 또는 지방자치단체가 설치하는 삭도 또는 궤도시설
- 방풍시설 또는 방화시설
- 기상관측시설
- 국가 또는 지방자치단체가 설치하는 공용청사 및 국가통신시설
- 자연공원법에 의한 자연공원 안에 설치하는 탐방로, 전망대 및 대피소와 탐방자의 안전을 도모하는 보호 및 안전시설
- 자연환경보전법에 의한 자연환경 보전, 이용시설
- 국가 또는 지방자체단체가 조성하는 자연휴양림 안에 설치되는 시설
- 국립수목원 및 수목원 조성 계획의 승인을 얻어 조성되는 수목원에 설치하는 시설
- 산림보호, 산림자원의 보전 및 증식을 위한 시설
- 임업시험연구를 위한 시설로서 행정기관에서 설치하는 임업시험연구기관

· 문화재 및 전통시장의 복원, 보수, 이전 및 그 보존 관리를 위한 시설과 문화재 및 전통사찰과 관련된 비석, 기념탑 그 밖에 이와 유사한 시설의 설치

· 대체에너지의 이용, 보급을 위한 시설의 설치

· 광업법에 의한 광물의 탐사, 시추시설의 설치

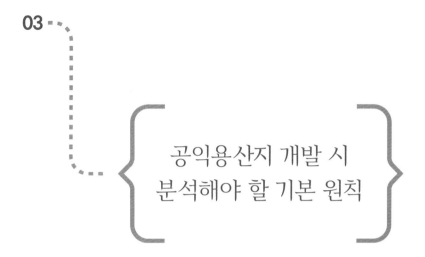

03

공익용산지 개발 시
분석해야 할 기본 원칙

✎ 공익용산지는 임업 생산과 함께 재해방지, 수
자원 보호, 자연 생태계 보전, 자연경관, 국민보건, 휴양 증진의
공익 기능을 위하여 필요한 산지로 산림청장이 지정한다.

토지 투자 시 기본적으로 분석해야 할 4대 문서 중 하나인 토지
이용계획확인서에 '다른 법령 등에 따른 지역·지구 등'란에 '공익
용산지「산지관리법」' 표시된 토지를 가리킨다.

첫 번째, 공익용산지에서 할 수 있는 행위 (「산지관리법」 제12조
및 시행령)

1. 산지전용의 일시사용제한지역에서 허용되는 공익용 시설의
설치

2. 임도, 산림경영관리사 등 산림 경영과 관련된 시설 및 산촌산업 개발 시설

- 임도, 작업로 및 임산물 운반로
- 부지 면적 1만㎡(3,000평) 미만 임산물 생산시설 및 집하시설
- 부지 면적 3천㎡(900평) 미만 임산물 가공, 건조, 보관 시설
- 부지 면적 1천㎡(300평) 미만 임업용 기자재 보관 시설(비료, 농약 기계 등) 및 임산물 전시, 판매시설
- 부지 면적 200㎡(60평) 미만 산림경영관리사(작업 대기 및 휴식 공간 바닥면적 100분의 25 이하인 시설) 및 대피소
- 「임업 및 산촌 진흥 촉진에 관한 법률」 제15조 산촌 개발사업으로 설치하는 부지 면적 1만㎡(3,000평) 미만의 시설

3. 수목원, 산림생태원, 자연휴양림, 수목장림樹木葬林, 그 밖에 대통령령으로 정하는 산림 공익 시설의 설치

- 산림욕장, 치유의 숲, 숲속야영장, 산림레포츠시설, 산책로, 탐방로, 등산로, 둘레길, 전망대(정자 포함)
- 자연관찰원, 산림전시관, 목공예실, 숲속교실, 숲속수련장, 유아체험원, 산림박물관, 산악박물관, 산림교육센터
- 목재 이용의 홍보, 전시, 교육을 위한 목조건축시설
- 국가, 지방자치단체 또는 비영리법인이 설치하는 임산물의 홍보,

전시, 교육을 위한 시설

4. 농림어업인의 주택 및 그 부대시설로서 대통령령으로 정하는 주택 및 시설의 설치

. 자가 소유 산지에서 직접 농림어업을 경영하면서 실제 거주를 위해 부지 면적 660㎡(200평) 미만으로 건축하는 주택 및 그 부대시설
· 농림어업인의 주택 증축 100분의 130 이하 이나 개축 100분의 100이하 가능

5. 농림어업용 생산, 이용, 가공시설 및 농어촌 휴양시설로서 대통령령으로 정하는 시설의 설치(농림어업인, 생산자단체, 영농조합법인과 영어조합법인, 농업회사법인이 설치하는 다음 각 목의 어느 하나에 해당하는 시설)

· 부지 면적 3만㎡(9,000평) 미만의 축산시설
· 부지 면적 1만㎡(3,000평) 미만의 버섯재배시설, 농림업용 온실
· 부지 면적 3천㎡(900평) 미만의 농축수산물의 창고, 집하장 또는 가공시설
· 부지 면적 200㎡(60평) 미만의 농막, 농업용·축산업용 관리사

6. 광물, 지하수, 그 밖에 지하자원 또는 석재의 탐사·시추 및 개발을 위한 시설의 설치→ 보전산지(임업용·공익용산지) 허용

7. 산사태 예방을 위한 지질·토양의 조사와 이에 따른 시설의 설치

8. 산나물, 야생화, 관상수의 재배(성토 또는 절토를 통하여 지표면으로부터 높이 또는 깊이 50㎝ 이상 형질변경을 수반하는 경우에 한정) 물건의 적치積置, 농도農道의 설치 등 임업용산지의 목적 달성에 지장을 주지 않는 범위 내 대통령령으로 정하는 행위

- 「농어촌도로정비법」 제4조 제2항 제3호에 따른 농도, 「농어촌 정비법」 제2조 제6호에 따른 양수장, 배수장, 용수로 및 배수로 설치 행위
- 부지 면적 100㎡(30평) 미만의 제각祭閣을 설치하는 행위
- 「사도법」 제2조 규정에 의한 사도私道를 설치하는 행위
- 「자연환경보전법」 제2조 제9호 규정에 의한 생태 통로 및 조수의 보호, 번식을 위한 시설을 설치하는 행위
- 농림어업인이 1만㎡(3,000평) 미만 산지에서 관상수를 재배하는 행위
- 수산자원보호구역에서 농림어업인이 3천㎡(900평) 미만의 산지에 양어장 설치 행위

주의할 점은 공익용산지라도 행위제한에 있어서 산지관리법을 적용하지 않고 자연공원법에 따른 공원구역 안에서 「자연공원법」

을 보전녹지지역과 수산자원보호구역 안에서는 「국토계획법」 개발제한구역 안에서는 「개발제한구역의 지정 및 관리에 관한 특별조치법」 백두대간 보호지역 안에서는 「백두대간 보호에 관한 법률」을 적용한다.

공익용 보전산지에서 임산물의 생산, 가공, 집하, 판매시설 등의 행위는 가능하며 우주항공기술 개발과 관련된 시설 설치 또한 가능하다.

농림어업인의 신축, 증축, 개축도 허용되고 있으나 산지전용 일시사용제한지역보다는 허용되는 건축물의 범위가 조금 넓기는 하지만 개발해서 분양할 수 있는 사업성 측면에서는 낮다고 봐야 한다.

다만 1필지 한도 내에서 5천m²(1,500평)까지는 신축, 개발행위허가가 가능하므로 토지개발 전문가가 아니라면 위에서 열거한 법률에 따라 면밀히 검토한 후에 개발해야 함을 다시 한 번 강조한다.

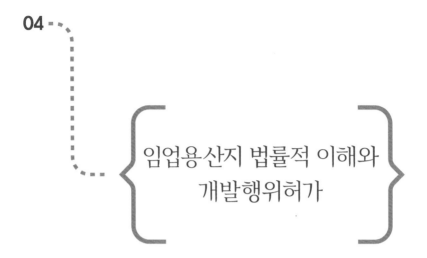

{ 임업용산지 법률적 이해와
개발행위허가 }

🖋 임업용산지는 산림자원의 조성과 임업 생산의 기능을 위하여 필요한 산지로서 산림청장이 지정하고, 토지이용계획확인서·다른 법령 등에 따른 지역·지구 등에 '임업용산지「산지관리법」'에 표시된 토지를 가리킨다.

🔍 임업용산지에서 할 수 있는 행위

임산물의 생산·가공·집하·판매시설의 행위가 가능하며 660m²(200평) 미만의 농림어업인의 주택도 건축 가능하다.

종교시설이나 병원, 사회복지시설, 청소년수련시설의 부지로 가격이 낮게 책정된 바 공익용산지보다는 활용 범위가 넓기는 하지만 앞서 언급한 건축물에 100% 적합한 부지에 해당되어야 가능하기에, 가격이 낮다고 해서 투자 가치가 있다고 볼 수 없다.

🔍 산지정보시스템의 활용

산지(임야) 투자와 관련하여 투자자들이 알 수 있는 정보는 해당 토지의 경사도와 표고(높이)에 대한 것이다. 과거에는 비용을 들이고 측량에 의해서만 알 수 있었지만 현재는 산림청에서 운영하는 산지정보시스템(www.forest.go.kr)에 접속해서 확인이 가능하다.

산림정책, 산지구분 현황, 산지 용도별 현황, 지형, 토양, 산림정보, 인·허가 정보 등이 제공되고 있다. 다만 실행에 옮길 때는 현장과 사실관계를 다시 체크해야 한다.

산지구분 현황에서는 보전산지, 준보전산지의 면적 비율에 대한 정보를 제공한다. 보전산지 내에서도 공익용과 임업용으로 면적 비율을 알려준다.

🔍 개발행위허가란?

토지이용과 관련된 개발행위 중 도시계획 차원에서 검토가 필요하거나 관리하는 것이 타당하다고 판단되는 경우 국토계획법에 의거하여 특별시장, 광역시장, 시장, 군수의 허가를 받도록 하고 있는 것을 가리켜 개발행위허가 제도라고 한다.

첫 번째, 농지나 산지를 전용하여 주택부지, 공장부지, 창고부지를 조성하기 위해서는 반드시 개발행위허가를 받아야 하며, 6가지가 있다.

- 건축물의 건축: 건축법 제2조 제1항 제2호에 따른 건축물의 건축
- 공작물의 설치: 인공을 가하여 제작한 시설물의 설치(건축법에 따른 건축물 제외)
- 토지의 형질변경: 절토, 성토, 정지, 포장의 방법으로 토지의 형상을 변경하는 행위와 공유수면 매립(경작을 위한 토지 제외)
- 토석채취: 흙, 모래, 자갈, 바위의 토석을 채취하는 행위(토지 형질변경 목적은 제외)
- 토지의 분할(건축법에 따른 건축물이 있는 토지 제외): 녹지지역, 관리지역, 농림지역 및 자연환경보전지역 안에서 관계 법령에 따른 인·허가 등을 받지 아니하고 행하는 토지의 분할, 건축법에 따른 '분할제한면적' 미만의 토지 분할, 관계 법령에 의한 인·허가를 받지 아니하고 행하는 너비 5m 이하의 토지 분할
- 물건을 쌓아 놓은 행위: 녹지지역, 관리지역 또는 자연환경보전지역(적법 조성 토지)에서 건축물의 울타리 안에 위치하지 아니한 토지에 물건을 1개월 이상 쌓아놓는 행위

두 번째, 개발행위 중 토지의 형질변경의 규모는 용도지역별 개발행위 면적이 주거지역, 상업지역, 자연녹지지역, 생산녹시지역

은 1만m²(3,000평), 공업지역 3만m²(9,000평), 보전녹지지역은 5
천m²(1,500평), 관리지역은 3만m²(9,000평)이며, 농림지역 3만
m²(9,000평), 자연환경보전지역은 5천m²(1,500평) 미만이어야
한다.

세 번째, 도시지역과 계획관리지역의 산림에서 임도 설치와 사방
사업은 「산림자원의 조성 및 관리에 관한 법률」, 「사방사업법」에 따
르고 보전관리지역, 생산관리지역, 농림지역, 자연환경보전지역의
산림에서 개발행위는 「산지관리법」에 따른다.

네 번째, 개발행위허가 절차에서 개발행위를 하려는 자는 그 개
발행위에 따른 기반시설의 설치, 용지의 확보, 위해방지, 환경오염
방지, 경관, 조경 등에 관한 계획서를 첨부한 신청서를 개발행위
허가권자에게 제출한다.

허가권자는 특별한 사유가 없으면 15일 이내에 허가 또는 불허
가, 보완을 처분하여야 한다. 이 밖에도 개발행위허가 과정은 지
자체마다 해당 지역의 조례, 법령에 따라서 조금씩 차이를 보인다.

05

토지 투자에 있어 도로의 중요성

✎ "도로의 중요성에 대해 게재하는 것이 어떻겠는가" 제안이 와 도로의 정의 및 중요성에 대해 집필하겠다. 토지 투자에 있어서 도로의 중요성은 상당하다. 아마 독자들도 아래 내용을 읽어 내려가면 도로가 얼마나 중요한지 알게 될 것이다.

도로에 접한 토지에서는 해당 도로가 개발행위허가상 진·출입로가 사용 가능한 도로인지 여부를 판단해주어야 하고, 도로에 접하지 않은 맹지에서는 사도의 개설 등 진·출입로 확보하는 전략을 검토해봐야 한다.

지목 변경 시 건축물의 용도지역 적합성에 대한 분석이 끝나면 다음 분석은 해당 부지로 드나들 수 있는 진·출입로 확보를 할 수 있는지 여부를 검토해야 하는 것이다.

🔍 도로 개발행위허가와 건축법

국토계획법상 개발행위허가 기준에 따라 허가를 받으려면 기반 시설의 설치나 그에 필요한 용지확보 계획이 적절해야 하며, 대지와 도로의 관계는 건축법에 적합해야 한다.

개발행위의 기준은 일반적으로 국토계획법이 규정되어 있지만, 도로와의 관계에 있어서 국토계획법에서 직접 규정하지 않고 건축법에 따르도록 하고 있다. 따라서 개발행위허가를 위한 대지와 도로와의 관계에 대한 허가 기준을 보려면 건축법을 참조해야 한다.

🔍 건축법상 도로의 정의

도로란 보행과 자동차 통행이 가능한 너비 4m 이상의 도로(지형적으로 자동차 통행이 불가능한 경우와 막다른 도로의 경우에는 대통령령으로 정하는 구조와 너비의 도로)로서 다음에 해당하는 도로나 그 예정도로를 말한다.

국토의 계획 및 이용에 관한 법률, 도로법, 사도법, 그 밖의 관계 법령에 따라 신설 또는 변경에 관한 고시가 된 도로로서 건축허가 또는 신고 시에 특별시장, 광역시장, 특별자치시장·도지사·특별자치도지사 또는 시장·군수·구청장이 위치를 지정하여 공고한 도로이다. 건축법은 법정도로, 예정도로 모두 도로로 인정하고 있으나 예정도로는 사용승인 시점에는 건축물 출입에 지장이 없어야 한다.

🔍 건축법상 대지와 도로와의 관계

건축물에 대지가 접해야 할 도로의 너비는 4m 이상이며 도로에 2m 이상 접해야 한다. (자동차만의 통행 도로 제외).

건축물의 주변에 대통령령으로 정하는 공지인 광장, 공원, 유원지가 있는 경우와 그 밖에 관계 법령에 따라 건축이 금지되고 공중의 통행에 지장이 없는 공지로서 허가권자가 인정한 것을 말한다.

연면적 합계가 2,000m²(600평) 이상인 건축물(축사, 작물재배사 그 밖에 이와 비슷한 건축물로 건축 조례로 정한 규모의 건축물은 제외) 대지가 접해야 할 도로의 너비는 6m 이상이며 도로에 4m 이상 접해야 한다.

공장인 경우에는 3,000m²(900평) 이상이 되어야 6m 기준을 적용한다. 그 외 각 지자체 조례 법령에 의하여 약간의 차이가 있으므로 지자체 법령도 참고해야 한다.

위와 같이 토지 투자에 있어서 가장 기본적인 부분을 확인하면서 도로에 관한 법률관계 등을 이어서 말하려고 한다.

독자들의 이해를 돕기 위해 올해 초에 있었던 현장답사를 통해 보다 실질적인 사례를 소개하려고 한다.

필자 외 박현선 작가, 지인들과 개발 중인 춘천시 신북읍 발산리

722번지 맥궁터 펜션형 타운하우스 현장에 방문차 가는 길에 춘천 현지 공인중개사무소에서 분석을 의뢰 받은 신북읍 산천리에 위치한 임야를 먼저 현장답사 갔다.

중요 4대 문서 중 하나인 토지이용계획확인서상 도시지역, 보전녹지지역, 공익용산지 면적 4,208m²(1,273평)를 토지주가 m²(평) 15만 원 매도를 원하여 현장답사 후 개발이 가능하다면 매입할 생각이었다.

토지가 춘천 외곽순환도로 접도구역(진·출입이 불가함)에 접했고, 위성지도로 볼 때 4m 도로가 가능할 것으로 보여서 현장을 확인한 것인데 농로인 2m 도로였다. 3m 이상 되어야 도로법상 4m 도로가 인정되므로 위 토지는 개발이 불가한 토지였다.

현장답사에 동행한 박 작가가 필자보다 먼저 허가 불가라고 말하자 옆에 있던 지인들이 어떻게 차 안에서만 보고도 바로 판단할 수 있는지 신기해했다.

필자의 연구소인 JNP토지주택정책연구소 연구원들과 박 작가는 늘 접하는 일이고 생활이기에 분석이 빠를 수밖에 없다. 누구나 현장을 발로 뛰며 익히다보면 자연스럽게 스펀지에 물 스며들 듯 분석이 빨라지고 감이 생기는 것이다.

독자 여러분도 책을 통해 부동산(토지) 투자에 기본 지식이 어느 정도 쌓였다면 실질적인 경험을 통해 현장을 볼 줄 아는 안목을 키우는 것이 성공적인 투자의 지름길이라 할 수 있겠다.

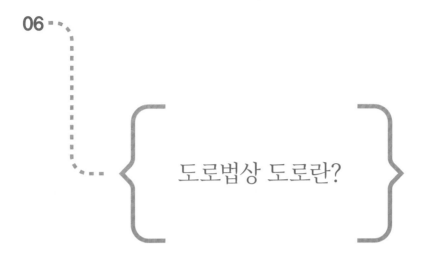

06

도로법상 도로란?

🔍 지형적 조건에 따른 도로의 구조와 너비

지형적으로 자동차 통행이 불가능한 경우와 대통령령으로 정하는 구조와 너비의 도로란 아래에 해당되는 도로를 가리킨다.

특별자치도지사·시장·군수·구청장이 지형적 조건으로 도로의 설치가 곤란하다고 인정될 시 일반 도로와 연결하고 있다. 그 위치를 지정, 공고하는 구간의 너비는 3m 이상인 도로이다.

위에 해당하지 않은 막다른 도로로서 그 도로의 너비가 그 길이에 따라 각각 다음에 정하는 기준 이상인 도로이다.

막다른 도로의 길이	도로의 너비
10m 미만	2m 이상
10m 이상 35m	3m 이상
35m 이상	6m 이상 (도시지역이 아닌 읍·면에서는 4m 이상)

🔍 도로법상 일반인을 위한 교통 도로의 종류 및 노선

1. 고속국도(고속도로): 자동차 교통망의 중추 부분을 이루는 주요 도시를 연결하는 자동차 전용의 고속 교통에 제공되는 도로

2. 일반국도: 일반적으로 '국도'라 부르며 중요도시, 지정항만, 중요비행장, 국가산업단지나 관광지 등을 연결하며 고속국도와 함께 국가기간 도로망을 이루는 도로로서 대통령령으로 지정된 것을 말한다.

3. 특별시도·광역시도: 특별시 또는 광역시 구역에 있는 다음 각 호의 어느 하나에 해당하는 도로로서 특별시장 또는 광역시장이 그 노선을 인정한 것을 말한다.

· 자동차 전용도로

· 간선 또는 보조간선 기능을 수행하는 도로

· 도시 내 주요지역 간이나 인근도시 및 주요 지방 간을 연결하는 도로

· 제1호부터 제3호까지의 규정에 따른 도로 외에 도시의 기능 유지를 위하여 특히 중요한 도로

4. 지방도: 지방의 간선 도로망을 이루는 다음 각 호의 어느 하나에 해당하는 도로로서 관할 도지사 또는 특별자치도지사가 그 노선을 인정한 것을 말한다.

- 도청 소재지에서 시청 또는 군청 소재지에 이르는 도로
- 시청 또는 군청 소재지를 서로 연결하는 도로
- 도 또는 특별자치도에 있는 비행장·항만·역 또는 이들과 밀접한 관계가 있는 비행장·항만·역을 서로 연결하는 도로
- 도 또는 특별자치도에 있는 비행장·항만 또는 역에서 이들과 밀접한 관계가 있는 고속국도·국도 또는 지방도를 연결하는 도로
- 제1호부터 제4호까지의 규정에 따른 도로 외의 도로로서 지방의 개발을 위하여 특히 중요한 도로

5. 시도市道: 시 또는 행정시에 있는 도로로서 관할 시장(행정시의 경우에는 특별 자치도지사를 말함)이 그 노선을 인정한 것을 말한다.

6. 군도郡道: 군내에 있는 다음 각 호의 어느 하나에 해당하는 도로로서 관할 군수가 그 노선을 인정한 것을 말한다.

- 군청 소재지에서 읍사무소 또는 면사무소 소재지에 이르는 도로
- 읍사무소 또는 면사무소 소재지 상호 간을 연결하는 도로
- 제1호와 제2호에 따른 도로 외의 도로로서 군의 개발을 위하여 특히 중요한 도로

7. 구도區道: 특별시나 광역시 구역에 있는 도로 중 특별시도와 광역시도를 제외한 구(자치구에 한함) 안에서 동 사이를 연결하는 도로로서 관할 구청장이 그 노선을 인정한 것을 말한다.

🔍 도로법상 도로의 부속물

각 도로에 터널·교량·도선장·도로용 엘리베이터 및 도로와 일체로 호용되는 삭도·옹벽·지하통로·무넘기(제방권역) 시설·배수로·길도랑·도선의 교통을 위한 수면 설치 시설을 포함하여 도로라 한다.

또한 도로상의 방설시설 또는 제설시설·유료 도로상의 통행료 징수 및 관리용 시설·도로의 이용증진을 위해 설치한 휴게시설 및 대기실·지하도·육교·방음시설이 포함된다.

🔍 도로법상 도로의 권리 및 의무 승계

도로의 점용허가 등 도로법상 허가로 인하여 발생한 권리나 의무를 가진 자가 사망하거나 그 권리나 의무를 양도할 때 또는 권리나 의무를 가진 법인이 합병한 때에는 그 상속인, 권리나 의무를 양수한 자 또는 합병 후 존속하는 법인이나 합병에 따라 설립되는 법인이 그 지위를 승계한다.

권리나 의무를 승계한 자는 상속일, 양수일 또는 합병일로부터 30일 이내에 승계 신고서에 허가 관련 내역서 및 양도에 관한 계약서를 첨부하여 도로관리청에 신고하면 권리, 의무를 승계할 수 있다.

07

{ 도시계획시설
설치 기준에 의한 도로 }

✎ 도시계획시설의 설치 기준에서 도로의 사용 및 형태별로 구분하고, 규모별 기능별로 구분된다. 도로 및 기반시설이 도시관리계획으로 결정되면 도시계획시설이 된다.

○ 사용 및 형태별 구분

1. 일반도로: 폭 4m 이상의 도로로서 통상의 교통 소통을 위하여 설치하는 도로

2. 자동차 전용도로: 특별시·광역시·시 또는 군내 주요지역 간이나 시·군 상호 간에 발생하는 대량 교통량을 처리하기 위한 도로로서 자동차만 통행할 수 있도록 하기 위하여 설치하는 도로

3. 보행자 전용도로: 폭 1.5m 이상의 도로로서 보행자의 안전하

고 편리한 통행을 위하여 설치하는 도로

4. 보행자 우선 도로: 폭 10m 미만의 도로로서 보행자와 차량이 혼합하여 이용하되 보행자의 안전과 편의를 우선적으로 고려하여 설치하는 도로

5. 자전거 전용도로: 하나의 차로를 기준으로 폭 1.5m(지역 상황에 따라 부득이하다고 인정되는 경우에는 1.2m) 이상의 도로로서 자전거의 통행을 위하여 설치하는 도로

6. 고가도로: 시·군내 주요지역을 연결하거나 시·군 상호 간을 연결하는 도로로서 지상 교통의 원활한 소통을 위하여 공중에 설치하는 도로

7. 지하도로: 시·군내 주요지역을 연결하거나 시·군 상호 간을 연결하는 도로로서 지상 교통의 원활한 소통을 위하여 지하에 설치하는 도로이다. 다만, 입체교차를 목적으로 지하에 도로를 설치하는 경우를 제외한다.

🔍 규모별 구분

투자가들이 토지이용계획확인서 및 지적도를 볼 때 가장 빈번하게 접하는 도로가 기준이 된다. 그 예로 토지이용계획확인서에 '소로 2류 접함'이라고 표시되어 있으면 '너비 8m 이상~10m 미만'인 도로에 접해있는 것이다.

	1류	2류	3류
광로	폭 70m 이상	폭 50m 이상 70m 미만	폭 40m 이상 50m 미만
대로	폭 35m 이상 40m 미만	폭 30m 이상 35m 미만	폭 25m 이상 30m 미만
중로	폭 20m 이상 25m 미만	폭 15m 이상 20m 미만	폭 12m 이상 15m 미만
소로	폭 10m 이상 12m 미만	폭 8m 이상 10m 미만	폭 8m 미만

🔍 기능별 구분

도로가 수행하는 기능을 기준으로 다음과 같이 구분된다.

1. 주 간선 도로: 시·군내 주요지역을 연결하거나 시·군 상호 간을 연결하여 대량 통과 교통을 처리하는 도로로서 시·군의 골격을 형성하는 도로

2. 보조간선 도로: 주 간선 도로를 집산 도로 또는 주요 교통 발생원과 연결하여 시·군 교통이 모였다 흩어지도록 하는 도로로서 근린 주거 구역의 외곽을 형성하는 도로

3. 집산 도로集散道路: 근린 주거 구역의 교통을 보조간선 도로에 연결하여 근린 주거 구역 내 교통이 모였다 흩어지도록 하는 도로로서 근린 주거 구역의 내부를 구획하는 도로

4. 국지 도로: 가구街區(도로로 둘러싸인 일단의 지역)를 구획하

는 도로

  5. 특수 도로: 보행자 전용도로·자전거 전용도로 등 자동차 외의 교통에 전용되는 도로

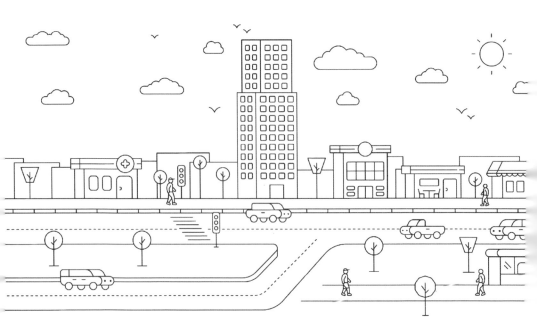

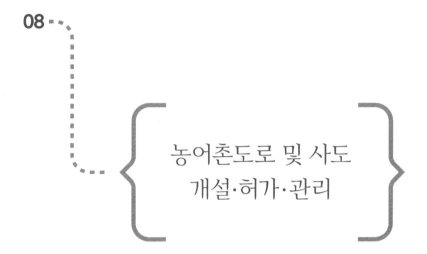

08

농어촌도로 및 사도
개설·허가·관리

✎ 도로란 차도와 인도로 단순할 것 같지만, 토지개발 과정에 법률과 제도적으로 적용됨을 유념하기 바란다.

농어촌도로는 도로법에 규정되지 않은 도로(읍·면 지역 도로)이며, 농어촌 지역의 주민의 교통 편익과 생산·유통 활동에 공동으로 사용되는 도로를 말하며 시·군에 의하여 고시된 「농어촌도로 정비법」 도로를 가리킨다.

농어촌도로에 접한 토지는 해당 도로를 진·출입로 활용하여 개발행위허가를 받을 수 있다. 이 경우 도로법상 도로처럼 도로관리청의 별도 도로 점용허가는 필요치 않다.

또한 도로의 정비는 특별한 규정이 없으면 시장·군수가 하며 도로의 노선을 지정했을 때에는 도로대장을 작성하여 보관한다.

🔍 농어촌도로의 종류

- 면도面道: 군도郡道 및 군도 이상의 도로와 연결되는 읍. 면 지역
  의 기간 도로를 말하며 도로법에 따른다.
- 이도里道: 군도 이상의 도로 및 면도와 갈라져 마을 간이나 주요
  산업단지와 연결되는 도로
- 농도農道: 경작지에 연결되어 농어민의 생산 활동에 직접 공용되
  는 도로

🔍 사도법상 사도의 정의 및 개설

도로법 규정에 의한 도로나 도로법의 준용을 받는 도로가 아닌
것으로 그 도로에 연결되는 길을 말한다.

개발행위허가 대상의 농지·산지가 도로에 접하여 있지 않은 맹
지라면 도로법상 도로나 도로법의 준용을 받는 도로까지 연결되
는 사도를 개설해야 허가를 받을 수 있다.

이 경우 토지 절반 이상은 맹지 상태의 토지이다. 따라서 이런
토지를 매입하거나 경매를 입찰할 때는 반드시 진·출입로 문제를
사전에 검토한 후 투자를 해야 한다. 사도의 개설은 농업진흥지역
또는 임업용 보전산지에서도 가능하다.

🔍 사도의 개설·허가·관리

사도 개설 시 허가를 받기 위해서는 착공 연월일, 준공 연월일, 공사방법, 공사 예산의 내용이 포함된 허가 신청서와 계획도면, 타인 소유에 속하는 토지를 사용하고자 할 때는 그 권한을 증명하는 서류를 시장·군수에게 제출하여 허가를 받아야 한다.

사도는 설치한 자가 관리하며 법에서 정한 경우를 제외하고는 일반의 통행을 제한하거나 금지하지 못한다.

사도법 제11조 권리·의무의 승계 등 각 호에서 명시하는 것에 해당하는 자에게 사도 개설자의 권리·의무를 승계한다. 따라서 사도 개설자가 사망하거나 법인의 합병이 있는 때는 그 상속인 또는 합병 후 존속하는 법인이나 합병에 의해 설립되는 법인이 종전 사도 개설자의 지위를 승계하는 것이다.

이에 승계한 자는 국토교통부령으로 정하는 바에 따라 시장·군수·구청장에게 그 사실을 신고하고, 시장·군수·구청장은 신고받은 날부터 30일 이내에 신고 수리 여부를 신고인에게 통지하여야 한다. 만일 시장·군수·구청장이 정한 기간 내에 신고 수리 여부 또는 민원 처리 관련 법령에 따른 처리 기간의 연장을 신고인에게 통지하지 아니하면 그 기간이 끝난 날의 다음 날에 신고를 수리한 것으로 본다.

🔍 타인이 개설한 사도에 접한 토지의 개발행위허가

타인이 개설한 사도가 도로대장에 등재된 도로라면 사도 소유자의 도로 사용승낙서를 받지 않아도 허가가 가능하지만 등재되어 있지 않을 시에는 반드시 해당 사도 소유자의 도로 사용승낙서를 받아야 한다.

🔍 현황 도로의 개발행위허가

지적도상 도로가 아닌 오랜 기간 동안 도로로 이용되어 사실상 도로로 인정하여 통행에는 문제가 없지만 개발행위허가 측면에서는 문제가 된다.

건축법 제45조 제1항 제2호에 따라 주민이 오랫동안 통행로로 이용하고 있는 사실상의 통로로서 해당 지방자치단체의 조례로 정하는 것인 경우 이해관계인의 동의를 받지 아니하고 건축위원회의 심의를 거쳐 도로로 지정할 수 있다.

- 복개된 하천 및 구거
- 안전에 지장이 없는 제방 도로
- 공원 계획에 의하여 설치된 공원 안 도로
- 사실상 주민이 사용하고 있는 통로로서 같은 통로를 이용하여 건축 허가된 사실이 있는 건축물의 진·출입로

· 사실상 도로로서 새마을사업 등으로 포장 또는 확장된 도로

　개인이 위의 현황 도로 진·출입로의 개발행위허가가 가능한지 여부를 판단하기는 결코 쉽지 않다. 전문가인 토목설계사무소에 의뢰하여 가능 여부를 판단하기 바란다.

09

{ 도로의 점용허가 및
접도구역 개발행위허가 }

✎ 토지 투자에 있어 무엇보다 중요한 것은 인·허가(개발행위허가)일 것이다.

토지를 육안으로 볼 때 반듯하고 도로가 접해 있어도 4대 문서 중 하나인 토지이용계획확인서에 '다른 법령 등에 따른 지역·지구 등'에 '접도구역「도로법」'으로 표기되었다면 인·허가는 극히 제한적이다.

일반 투자자 중에 현황만 보고 투자한 후에 '인·허가 불가'라는 것을 알고 나서 후회하는 예가 종종 있다. 이 책을 읽어가면서 지식을 익힌다면 높은 수익의 토지 투자의 고수가 될 수 있다.

🔍 도로의 점용허가

도로법 제61조 도로의 점용허가는 공작물·물건, 그 밖의 시설을 신설·개축·변경 또는 제거하거나 그 밖의 사유로 도로를 점유하려는 자는 도로관리청의 허가를 받아야 한다. 허가받은 기간을 연장하거나 허가받은 사항을 변경(허가받은 사항 외에 도로 구조나 교통안전에 위험이 되는 물건을 새로 설치하는 행위를 포함)하려는 때에도 같다.

도로 점용허가 시 점용의 목적·장소·면적·기간·공작물 또는 시설의 구조·공사 시설의 방법

- 공사의 시기·도로의 복구 방법과 도로의 점용이 도로의 굴착 수반 시 안전 대책의 서류를 첨부해야 한다.
- 점용물 종류에 따라 점용 기간은 10년 이내와 3년 이내로 2가지가 있다. 예로 공장설립 목적의 경우 개발행위허가를 받기 위한 진·출입로의 확보는 10년을 적용받으며 연장하려는 경우에는 허가가 끝나기 1개월 전에 연장 허가를 받아야 한다.
- 도로에 구성되어 있는 부지나 옹벽 등 물건에 대해서는 사권의 행사가 제한되어 있다. 하지만 도로법 제61조에 의하여 점용허가를 받고자 하는 경우 해당 도로 부지에 사유지가 포함되어 있어 도로관리청의 점용허가만 받으면 된다(소유자 동의서 필요 없음).

🔍 점용료의 산정 기준

도로법 제66조 점용료의 징수 등 제4항에 따르면 점용료의 산정 기준은 제2항에 따른 점용료의 반환 방법, 점용료의 징수 및 반환에 필요한 사항은 고속국도 및 일반국도(제23조 제2항에 따라 시·도지사 또는 시장·군수·구청장이 도로관리청이 되는 일반국도는 제외)에 관하여는 대통령령으로 정하고, 그 밖의 도로에 관하여는 대통령령으로 정하는 범위에서 해당 도로관리청이 속하는 지방자치단체의 조례로 정한다.

이어서 제5항에 따르면 제4항에도 불구하고 제61조 제3항에 따라 일반 경쟁에 부치는 방식으로 도로 점용허가를 받은 자에 대해서는 해당 일반 경쟁에 부친 때 도로 점용허가를 받은 자가 제시한 금액을 점용료로 부과한다. 다만, 그 점용료는 제4항에 따라 산정된 점용료의 3배를 초과할 수 없다.

점용료는 개별 공시지가를 기준으로 부과하며 개별 공시지가는 도로 점용 부분과 닿아있는 토지의 「부동산 가격 공시 및 감정평가에 관한 법률」에 의한 개별 공시지가로 한다(도로 부지는 제외).

🔍 도로와 도로 연결 허가

자동차 전용도로나 대통령령으로 정한 도로에 다른 도로 통로 그 밖의 시설을 연결시키려는 자는 입체교차시설로 하여야 하며 도로관리청의 허가를 받아야 한다.

허가의 기준이나 절차에 관하여 필요한 사항은 국도의 경우 국토교통부령으로 정하고 그 외 도로의 경우에는 그 도로의 관리청에 속한 지방자치단체의 조례로 정한다.

도로 등의 연결 허가를 받은 경우 도로법 제61조에 따라 도로점용허가를 받은 것으로 본다.

🔍 접도구역의 개발행위허가

도로관리청이 도로 구조에 대한 손궤방지와 미관의 보존 또는 교통의 위험을 방지하기 위해 도로의 경계선으로부터 20m를 초과하지 않는 범위 내에서 대통령령이 정하는 바에 의하여 지정하는 구역을 가리킨다.

🔍 접도구역 지정 기준

접도구역의 지정 기준은 도로경계선에서 양측으로 각각 다음 표의 구역을 접도구역으로 지정한다.

도로의 종류	지정 폭 (양측 각각)	비고
고속국도	10m	
일반국도	5m	
지방도	5m	

🔍 접도구역 안에서 금지하는 행위

접도구역 안에서는 토지의 형질을 변경하는 행위나 건축물이나 기타 공작물을 신축·개축·증축하는 행위가 금지된다.

🔍 접도구역 안에서 제한적으로 허용되는 행위

접도구역 관리 지침에 따라 접도구역 안에서는 아래와 같은 제한적인 행위가 허용된다.

1. 도로법 시행령 제39조에 정한 사항

도로의 구조에 대한 파손, 미관 보존 또는 교통에 대한 위험을 가져오지 아니하는 범위 안에서 다음 각 호의 행위를 말한다.

가. 다음 각 목의 어느 하나에 해당하는 건축물의 신축

· 연면적 10㎡ 이하의 화장실

· 연면적 30㎡ 이하의 축사

· 연면적 30㎡ 이하의 농·어업용 창고

· 연면적 50㎡ 이하의 퇴비사

나. 증축되는 부분의 바닥면적의 합계가 30㎡ 이하인 건축물의 증축

다. 건축물의 개축·재축·이전(접도구역 밖에서 접도구역 안으로 이
   전하는 경우는 제외) 또는 대수선

라. 도로의 이용증진을 위하여 필요한 주차장의 설치

마. 도로 또는 교통용 통로의 설치

바. 도로와 잇닿아 있지 아니하는 용수로·배수로의 설치

사. 「산업입지 및 개발에 관한 법률」 제2조 제9호에 따른 산업단지
   개발사업, 「국토의 계획 및 이용에 관한 법률」 제51조 제3항에
   따른 지구단위계획구역에서의 개발 사업 또는 「농어촌정비법」
   제2조 제5호에 따른 농업생산기반 정비사업

아. 「문화재보호법」 제2조 제1항에 따른 문화재의 수리

자. 건축물이 아닌 것으로서 국방의 목적으로 필요한 시설의 설치

차. 철도의 관리를 위하여 필요한 운전보안시설 또는 공작물의 설치

카. 토지의 형질변경으로서 경작지의 조성, 도로 노면의 수평 연장
   선으로부터 1.4m 미만의 성토 또는 접도구역 안의 지면으로부
   터 깊이 1m 미만의 굴착

타. 울타리·철조망의 설치로서 운전자의 시야를 방해하지 아니하
　는 경미한 행위

파. 그 밖에 국토교통부령으로 정하는 행위

2. 도로법 시행 규칙 제18조에서 정한 행위

기타 국토교통부령이 정하는 행위라 함은 다음 각 호의 행위를
말한다.

가. 담장(출입문을 포함한다.)의 설치

나. 건물에 부속된 기존의 화장실·퇴비사·축사 등을 같은 면적의
　범위에서 같은 대지 안으로 이전하는 행위

다. 도로 공사를 위하여 설치하는 가설건축물로서 2년 이내에 철거
　될 건축물의 설치

라. 국가 또는 지방자치단체가 아치(arch)와 각종 표지판을 설치하
　는 행위

마. 전기공급시설(도로 구조의 손괴방지, 미관 보존 또는 교통에 대
　한 위험이 없는 범위에서 소수력 발전용 송수관을 포함한다.)
　가스공급시설·전기통신시설·송유관·열수송 시설·수도시설 및
　하수도 시설의 설치

바. 농산물의 저장을 위한 굴착 행위

사. 농업용 분뇨장, 원두막, 30㎡ 이하의 농수산물 판매용 좌판 및
　30㎡ 이하의 농수산물 저온 저장시설의 설치

아. 농업용·원예용 비닐하우스(영구 시설이 아닌 것만 해당) 및 비
　　닐하우스의 운영에 필요한 냉난방기의 설치

자. 마을 도로 및 농로의 보수 행위

차. 기존 건축물의 용도변경

카. 건축물의 외벽과 담장 사이에 차양을 설치하는 행위

타. 건축물이나 도로의 안전을 위한 축대·옹벽의 설치

🔍 접도구역 안에서의 건폐율·용적률

개발행위허가를 받기 위한 대지에서 접도구역으로 지정된 부분
위에서는 건축행위는 금지되지만 해당 부분의 건폐율과 용적률 산
정 대상 면적에서는 제외하지 않는다.

🔍 접도구역에 편입될 시 매수청구권

그린벨트(개발제한법), 도시계획시설 부지(국토계획법), 자연공원
(자연공원법)의 토지가 접도지역에 편입되어 사용이 불가할 경우 토
지소유자는 토지관리청에 직접 매수해줄 것을 요청할 수 있다.

10

지목 변경 과정에서 배수로의 중요성

✎ 토지 투자는 어떠한 경우라도 지목(형질) 변경이 되지 않는다면 환금성을 기대할 수 없는 애물단지에 지나지 않는다. 지목 변경을 하여 건축할 수 있는 건축물의 진·출입로 확보가 끝나면 마지막으로 배수로를 확보해야 한다. 토지개발에 있어서 차량과 사람이 통행할 수 있는 진·출입로의 확보만큼 중요한 것이 해당 부지의 건축물에서 배출되는 오수·우수·하수 등을 처리할 수 있는 배수로를 확보하는 것이다.

🔍 하수도법(제2조)에 의한 용어 정의

1. 하 수

사람의 생활이나 경제 활동으로 인하여 액체성 또는 고체성의 물질이 섞여 오염된 물과 건물·도로 그 밖의 시설물의 부지로부터 하수도로 유입되는 빗물·지하수를 말한다. 다만, 농작물의 경작으로 인한 것은 제외한다.

2. 분 뇨

수거식 화장실에서 수거되는 액체성 또는 고체성의 오염 물질(개인 하수처리시설의 청소 과정에서 발생하는 찌꺼기를 포함)을 말한다.

3. 하수도

하수와 분뇨를 유출 또는 처리하기 위하여 설치되는 하수관로·공공 하수처리시설·간이 공공 하수처리시설·하수저류시설·분뇨처리시설·배수설비·개인 하수처리시설 그 밖의 공작물의 총체를 말한다.

4. 공공 하수도

지방자치단체가 설치 또는 관리하는 하수도를 말한다. 다만, 개인 하수도를 제외한다.

5. 개인 하수도

건축물 시설의 설치자가 당해 건축물 시설에서 발생하는 하수 유출을 처리하기 위하여 설치하는 배수설비 및 개인 하수처리시설과 그 부대시설을 말한다.

6. 하수관로

공공 하수처리시설·간이 공공 하수처리시설·하수저류시설로 이송하거나 하천·바다 그 밖의 공유수면으로 유출시키기 위하여 지방자치단체가 설치 또는 관리하는 관로와 그 부속 시설을 말한다.

7. 합류식 하수관로

오수와 하수도로 유입되는 빗물·지하수가 함께 흐르도록 하기 위한 하수관로를 말한다.

8. 분류식 하수관로

하수도로 유입되는 오수, 우수로 각각 분류되어 흐르도록 한 하수관로를 말하며 오수만 하수종말처리장으로 유입된다.

9. 공공 하수처리시설

하수를 처리하여 하천·바다 그 밖의 공유수면에 방류하기 위하여 지방자치단체가 설치 또는 관리하는 처리 시설과 이를 보완하는 시설을 말한다.

강우로 인하여 공공 하수처리시설에 유입되는 하수가 일시적으로 늘어날 경우 하수를 신속히 처리하여 하천·바다, 그 밖의 공유수면에 방류하기 위하여 지방자치단체가 설치 또는 관리하는 처리시설과 이를 보완하는 시설을 말한다.

10. 하수저류시설

하수관로로 유입된 하수에 포함된 오염 물질이 하천·바다, 그 밖의 공유수면으로 방류되는 것을 줄이고 하수가 원활하게 유출될 수 있도록 하수를 일시적으로 저장하거나 오염 물질을 제거 또는 감소하게 하는 시설(「하천법」제2조 제3호 나목에 따른 시설과 「자연재해대책법」제2조 제6호에 따른 우수 유출 저감 시설은 제외)을 말한다.

11. 분뇨처리시설

분뇨를 침전·분해 등의 방법으로 처리하는 시설을 말한다.

12. 배수설비

건물·시설 등에서 발생하는 하수를 공공 하수도에 유입시키기 위하여 설치하는 배수관과 그 밖의 배수시설을 말한다.

13. 개인 하수처리시설

건물·시설 등에서 발생하는 하수를 공공 하수도에 유입시키기 위하여 설치하는 배수관과 그 밖의 배수시설을 말한다.

14. 배수 구역

공공 하수도에 의하여 하수를 유출시킬 수 있는 지역으로서 제15조의 규정에 따라 공고된 구역을 말한다.

15. 하수처리구역

하수를 공공 하수처리시설에 유입하여 처리할 수 있는 지역으로서 제15조의 규정에 따라 공고된 구역을 말한다.

🔍 배수로 확보 시 주의점

배수로 등이 잘 정비되어 있어 쉽게 연결이 가능하다면 문제가 없지만 개발 현장에 있어 실상은 그렇지 못한 경우가 있으므로 주의해야 한다.

배수로는 지방자치단체가 설치한 하수관로를 통하여 처리하거나 하천·구거·공유수면 등의 배수로를 통해 처리하는데 앞에 열거한 부지에 타인 소유의 토지가 존재할 시 해당 부지에 배수관로를 매설하려면 해당 토지를 매수하거나 토지사용승낙을 받아야 하는 경우가 발생할 수 있다.

🔍 배수로 사전 검토 및 보완

개발행위허가를 받기 위해서는 배수로의 사전 검토가 우선되어야 한다.

중앙정부는 도시계획을 20년 단위 계획을 세우고 있고, 지방자치단체는 5년 단위로 계획·정비·보완을 하게 된다.

도시지역 내 토지개발을 위해서는 하수처리구역에 포함되어야 하므로 5년 단위 계획안에 구역 내 포함 요청서를 지방자치단체에 제출하여 확보해야 한다.

독자들께서는 토지 매입 시 중요한 것 중 하나인 도시지역 내에 토지개발을 위해서는 반드시 하수처리구역 내에 해당되어야 한다는 것을 잊어서는 안 된다.

도시지역 밖에서는 개인 자체 정화시설 설치만으로 개발행위허가가 가능하다.

2020년 이후,
부동산 시장은 어떻게 움직일까?

지난 정부 출범 당시 부동산 시장이 2008년 고점 대비, 주택(APT)·토지 시장은 평균 40% 정도 하락했다. 하우스푸어란 말이 유행했었고, 매매하여도 전세금을 돌려줄 수 없을 정도로 주택 가격 폭락이 심각한 상황이었다.

분양 시장은 꽁꽁 얼어붙었고, 실제 집을 매수하려는 의사가 전혀 없었다고 해도 과언이 아니다. 전세금마저도 폭락한 상황이 지속되면서 당시 정부로서는 시장 경제가 살아나기 위해선 부양 정책이 절실했다.

2013년 하반기부터 금리 인하와 다주택을 허용하면서 주택·토지 시장이 조금씩 살아나기 시작했다. 2014~2015년 2년간 분양 시장이 활발해지면서 다주택자 양산으로 투기 수요가 일부 과열 현상을 보이기 시작했다. 2008년 고점 대비, 평균 40% 정도 떨어졌던 주택시장이 지역별로 30~35%까지 회복된 상황이었다. 필자는 당시 시장 흐름에 맡겨도 10% 이상 상승하지는 않는다고 행정 개입 최소화를 요청했다.

2016년 연말부터 대통령 실정에 따른 시민 단체의 촛불 시위가 격화되면서 2017년 5월 정권이 바뀌었다. 정책의 대변혁이 시작되면서 가장 먼저 시작된 것이 부동산 시장의 행정 개입이었다.

수차례에 걸쳐 지적했지만 서울시의 공급 부족과 지나친 행정 개입이 오히려 과열 현상을 부추긴 원인이 된 측면이 있다. 시장 흐름대로 놔두면 10% 상승이 예측되고 있었다. 하지만 현 정부 출범 후 40% 대로 급등했다. 지역에 따라 주택(APT) $3.3m^2$(평)

1억 원대까지 육박하는 기현상을 불러일으켰다. 고도 제한을 지역 별로 완화하고, 뉴타운 지역을 부활시킨다면 공급이 가능해진다.

　자본주의 경제 체제에서 부동산 소득을 무조건 불로소득으로만 간주하면 안 된다. 여러 항목에 세금을 부과하고 있지 아니한가? 상한선을 정해서 초과이익환수제, 양도소득세(양도차익), 거래세, 지방세 등 시장이란 유기적으로 사고, 팔고, 들고 나는 것이 원리 이다. 주택을 들어 옮기는 것이 아니라 이 사람에게서 저 사람에 게로 명의만 바뀌면서 가격 변동에 따라 정부와 지자체, 개인 간 의 소득으로 나뉘는 원리인 것이다.